# RECONNAÎTRE LES POSSIBILITÉS D'AUGMENTER VOTRE TRÉSORERIE.

# RECONNAÎTRE LES POSSIBILITÉS D'AUGMENTER VOTRE TRÉSORERIE

Par : D.K. Hawkins
Version 1.1 ~Novembre 2022
Publié par D.K. Hawkins sur KDP
Copyright ©2022 par D.K. Hawkins. Tous droits réservés.

Aucune partie de cette publication ne peut être reproduite, distribuée ou transmise sous quelque forme ou par quelque moyen que ce soit, y compris la photocopie, l'enregistrement ou d'autres méthodes électroniques ou mécaniques, ou par tout système de stockage ou de récupération de l'information, sans l'autorisation écrite préalable des éditeurs, sauf dans le cas de très brèves citations incorporées dans des critiques et certaines autres utilisations non commerciales autorisées par la loi sur le droit d'auteur.

Tous droits réservés, y compris le droit de reproduction totale ou partielle sous quelque forme que ce soit.

Toutes les informations contenues dans ce livre ont été soigneusement recherchées et vérifiées quant à leur exactitude factuelle. Toutefois, l'auteur et l'éditeur ne garantissent pas, de manière expresse ou implicite, que les informations contenues dans ce livre conviennent à chaque individu, situation ou objectif et n'assument aucune responsabilité en cas d'erreurs ou d'omissions.

Le lecteur assume le risque et la pleine responsabilité de toutes ses actions. L'auteur ne sera pas tenu responsable de toute perte ou dommage, qu'il soit consécutif, accidentel, spécial ou autre, pouvant résulter des informations présentées dans ce livre.

Toutes les images sont libres d'utilisation ou achetées sur des sites de photos de stock ou libres de droits pour une utilisation commerciale. Pour ce livre, je me suis appuyé sur mes propres observations ainsi que sur de nombreuses sources différentes, et j'ai fait de mon mieux pour vérifier les faits et accorder le crédit qui leur est dû. Dans le cas où du matériel serait utilisé sans autorisation, veuillez me contacter afin que l'oubli soit corrigé.

*Les informations fournies dans ce livre le sont à titre informatif uniquement et ne sont pas destinées à être une source de conseils ou d'analyse de crédit en ce qui concerne le matériel présenté. Les informations et/ou documents contenus dans ce livre ne constituent pas des conseils juridiques ou financiers et ne doivent jamais être utilisés sans avoir consulté au préalable un professionnel de la finance afin de déterminer ce qui convient le mieux à vos besoins individuels.*

*L'éditeur et l'auteur ne donnent aucune garantie ou autre promesse quant aux résultats qui peuvent être obtenus en utilisant le contenu de ce livre. Vous ne devez jamais prendre de décision d'investissement sans consulter au préalable votre propre conseiller financier et sans effectuer vos propres recherches et diligences. Dans toute la mesure permise par la loi, l'éditeur et l'auteur déclinent toute responsabilité dans le cas où les informations, commentaires, analyses, opinions, conseils et/ou recommandations contenus dans ce livre s'avéreraient inexacts, incomplets ou peu fiables ou entraîneraient des pertes d'investissement ou autres.*

*Le contenu de ce livre n'est pas destiné à et ne constitue pas un conseil juridique ou un conseil en investissement, et aucune relation avocat-client n'est établie. L'éditeur et l'auteur fournissent ce livre et son contenu sur une base "telle quelle". Vous utilisez les informations contenues dans ce livre à vos propres risques.*

# TABLE DES MATIÈRES.

TABLE DES MATIÈRES.................................................................4

INTRODUCTION............................................................................6

CHAPITRE 1: CE QU'IMPLIQUE VOTRE FLUX DE TRÉSORERIE. .....9

CHAPITRE 2: LE FLUX DE TRÉSORERIE EST UN ÉLÉMENT ESSENTIEL POUR GAGNER, GÉRER ET INVESTIR DE L'ARGENT. .16

CHAPITRE 3: LES QUESTIONS AUXQUELLES IL FAUT RÉPONDRE POUR DÉTERMINER SI LA TRÉSORERIE EST SUFFISANTE. ..........30

CHAPITRE 4: DES MOYENS RAPIDES D'AUGMENTER LES FLUX DE TRÉSORERIE. ..............................................................................35

    1. Marketing d'affiliation. ....................................................35

    2. Investir dans l'immobilier. ..............................................38

    3. Prêteur sur actifs. ............................................................41

    4. Site d'adhésion. ...............................................................46

    5. Vendre le coaching. .........................................................50

    6. Mise en réseau par le biais d'enquêtes rémunérées. ......53

    7. Bénéfices d'Amazon. .......................................................56

    8. Produits saisonniers en Dropshipping. ..........................60

    9. Trading de devises. ..........................................................65

    10. Formation verte. ............................................................67

    11. Externalisation. .............................................................70

    12. Rédiger des articles de blog sponsorisés. ....................74

    13. Programme de coaching en ligne. ................................77

**14. Marketing en ligne.** ................................................................79

CHAPITRE 5: COMMENT GAGNER 5 000 $ PAR HEURE ET AUGMENTER VOTRE TRÉSORERIE. ........................................83

CHAPITRE 6: TRANSFORMER UN FLUX DE TRÉSORERIE NÉGATIF EN FLUX DE TRÉSORERIE POSITIF. ...............................93

CHAPITRE 7: DES RÉSOLUTIONS POUR AMÉLIORER IMMÉDIATEMENT VOTRE TRÉSORERIE. ...............................97

CHAPITRE 8: ÉVITER LES ERREURS COURANTES DE GESTION DE TRÉSORERIE. ..............................................................108

CONCLUSION. ..............................................................................115

# INTRODUCTION.

Votre cash-flow est le rapport entre les recettes entrantes et les dépenses sortantes pendant une période donnée. Il est d'usage de calculer votre cash-flow tous les mois, car la plupart des dépenses récurrentes sont mensuelles. La compréhension de votre flux de trésorerie est indispensable à votre santé financière.

Pour déterminer votre cash-flow, vous allez comparer vos entrées d'argent régulières (recettes) à vos sorties d'argent normales (dépenses). Il est essentiel de ne tenir compte que de vos revenus et coûts réguliers, car "fausser" les chiffres en incluant des gains ou des dépenses ponctuels équivaut à se tromper soi-même.

La principale source de revenus de la plupart des personnes est leur emploi. Toutefois, si vous recevez des revenus réguliers d'autres sources, comme des rentes, des loyers ou des prestations gouvernementales, il faut également en tenir compte.

Vos dépenses doivent inclure vos dépenses essentielles, comme le logement, le transport et les services publics, et vos dépenses discrétionnaires régulières. Il s'agit d'une dépense récurrente, mais elle peut être tout à fait volontaire si vous emmenez votre famille manger un grand souper chaque semaine.

Pour obtenir une estimation de votre situation, il suffit de soustraire vos sorties mensuelles de vos entrées mensuelles d'argent. Votre flux de trésorerie sera négatif si vous dépensez plus que vous ne gagnez. Cela se traduira par des dettes, à moins que vous ne limitiez vos dépenses. Vous aurez un flux de trésorerie positif si vous gagnez plus que vous ne dépensez. Plus vos revenus sont élevés par rapport à vos dépenses, plus votre stabilité financière est grande.

Bien qu'il s'agisse d'un processus de base, la plupart des gens prennent rarement le temps d'écrire leurs finances. Même si vous avez une connaissance rudimentaire de votre situation financière, cette approche peut être très bénéfique. Le fait de voir les chiffres sur papier peut vous convaincre de réduire vos habitudes de dépense ou d'adopter une stratégie pour investir vos revenus excédentaires.

L'examen de vos finances de cette manière est une procédure assez simple. Vous devez surveiller de près vos flux de trésorerie et suivre les hausses et les baisses des dépenses et des recettes, quelle que soit votre situation financière. Ce livre fournit une analyse plus approfondie de votre situation financière et des moyens stratégiques pour reconnaître chaque opportunité d'augmenter votre cash-flow.

Commençons par le début.

# CHAPITRE 1: CE QU'IMPLIQUE VOTRE FLUX DE TRÉSORERIE.

Quel que soit le point de vue, si vous voulez accroître votre patrimoine, vous devez améliorer vos flux de trésorerie. Mais comment y parvenir lorsque vous avez un emploi, une famille et de nombreuses autres responsabilités ?

Je reconnais la difficulté, mais quelle que soit la façon dont vous voyez les choses, vous devez améliorer votre trésorerie. L'emploi est la principale source de revenus pour la majorité de la population mondiale, et c'est souvent ce qui se passe :

Votre cash-flow augmente avec le temps mais vos dépenses aussi. Toute cette dette n'est pas déductible des impôts ! En général, il s'agit de choses telles qu'une plus grande maison pour la famille, une meilleure voiture, peut-être quelques vacances, et un camion rempli d'articles ménagers du détaillant local.

Même si votre flux de trésorerie a augmenté de 100 %, vous n'accumulez aucune richesse si vous faites passer votre revenu de 50 000 à 100 000 dollars par an. Vous vous êtes enfermé dans votre source de revenu actuelle, qui est pour la plupart des individus leur emploi.

Vous vous êtes rendu impossible de quitter votre emploi, car cela nécessiterait un ajustement important de votre style de vie. Ainsi, vous êtes effectivement sur le tapis roulant du style de vie.

Une fois que vous avez fait l'expérience d'une maison plus grande ou d'un meilleur véhicule, vous ne vous contenterez jamais d'un retour en arrière. Vous vous êtes engagé dans votre travail pendant très longtemps. Si vous aimez votre travail, c'est formidable. Mais si vous ne l'aimez pas, ce n'est pas agréable.

L'idée est de générer un second revenu tout en continuant à travailler. Imaginez que vous puissiez gagner le même montant à partir d'une source différente au cours de l'année prochaine. Je ne parle pas de propriété ou d'actions.

Remplacer votre revenu par l'un ou l'autre demande du temps et des efforts ; la plupart des personnes n'ont pas assez d'argent pour commencer. Internet est idéal pour remplacer votre revenu sans avoir à quitter votre emploi.

En raison d'un manque de connaissances en informatique, la plupart des baby-boomers ont complètement perdu cette mine d'or. La bonne nouvelle est que vous n'avez pas besoin d'être un as de l'informatique ! L'internet n'est ni un "blip" sur l'écran radar ni une "mode" qui va disparaître. Il y a plus de 950 millions d'utilisateurs de l'internet dans le monde, et les petites entreprises qui utilisent l'internet se sont développées beaucoup plus rapidement que celles qui ne l'utilisent pas.

Les clients n'ont pas de préférence quant à savoir si une grande ou une petite entreprise exploite un site web, et ceux qui ont de l'argent à portée de main sont plus susceptibles de faire des achats en ligne. Il ne fait aucun doute que le World Wide Web est énorme et qu'il continuera à se développer quotidiennement !

Par ailleurs, les flux de trésorerie sont essentiels à la survie d'une entreprise. Sans elle, aucune entreprise n'existerait. Voici quatre techniques pour améliorer immédiatement votre trésorerie.

Déterminez où vous en êtes et ce dont vous avez besoin. L'une des pires méthodes pour créer des revenus est de penser au hasard. Si vous prenez le temps de croquer vos chiffres (vous pouvez le faire sur papier ou en ligne dans une feuille de calcul), vous comprendrez mieux d'où vient et où part votre argent.

Il n'y a pas de place pour la spéculation ici. Considérez votre feuille de calcul comme une carte. Elle vous aidera à déterminer où vous êtes et où vous devez aller ou, dans cet exemple, combien d'argent supplémentaire vous devez gagner.

Examinez les services que vous offrez déjà à vos clients et voyez où vous pourriez les étendre. Envisagez d'incorporer une journée ou une demi-journée VIP dans vos offres et fixez le prix en conséquence. Les clients paieront pour les heures d'attention concentrée que vous leur consacrerez pendant que vous réfléchissez avec eux sur leur entreprise ou leur domaine.

Proposez de mettre à niveau des clients existants qui, selon vous, pourraient bénéficier d'une journée ou d'une demi-journée entière de votre attention exclusive. Ces journées peuvent être proposées en personne ou par voie électronique, par téléphone ou par streaming vidéo sur Internet. Lancez ce processus en contactant les clients existants pour leur faire part de votre nouvelle offre de journée VIP. N'oubliez pas non plus de vendre vos nouveaux produits à votre liste !

Savez-vous que la plupart des gens préfèrent acquérir plus de clients et augmenter leur charge de travail plutôt que d'augmenter leurs prix ? C'est un fait. Si cela vous décrit, demandez-vous pourquoi vous n'augmentez pas vos prix et quelles sont les croyances qui vous viennent à l'esprit.

Ensuite, demandez-vous pourquoi vous avez une telle opinion et augmentez quand même vos tarifs. Je suis sincère. Vous êtes la seule personne qui vous empêche de gagner plus d'argent. Ceux qui anticipent plus reçoivent plus. Cependant, vous ne l'obtiendrez pas à moins d'augmenter vos honoraires et de le demander.

Prenez conscience des possibilités d'augmenter vos rentrées d'argent actuelles. Il peut s'agir d'une conférence. Il peut s'agir d'une collaboration avec un collègue. Il peut s'agir d'une opportunité de coaching qui vous pousserait à devenir plus visible.

Il peut s'agir d'une possibilité de parrainage. Ici, vous pouvez avoir besoin d'éprouver de la peur et aller de l'avant malgré tout. Si vous restez où vous êtes, vous resterez où vous êtes. Vous devrez dire oui et profiter des possibilités qui s'offrent à vous pour progresser et améliorer vos revenus.

La peur et les croyances limitatives ne doivent pas dicter votre capacité à améliorer vos revenus. Il y a de la liberté et de l'autonomie à entreprendre ce que l'on croit impossible. En mettant en œuvre ne serait-ce qu'une seule des suggestions ci-dessus, vous augmenterez vos revenus personnels et professionnels.

# CHAPITRE 2: LE FLUX DE TRÉSORERIE EST UN ÉLÉMENT ESSENTIEL POUR GAGNER, GÉRER ET INVESTIR DE L'ARGENT.

Pour assurer votre sécurité financière future, vous devez être conscient de trois aspects essentiels et distincts de la gestion de l'argent. L'aspect évident sur lequel la plupart des gens se concentrent est "obtenir de l'argent". Cet élément reçoit souvent 90 % de l'attention de chacun. Faire des études supérieures, trouver un emploi bien rémunéré et recevoir un salaire sont tous des objectifs réalisables.

L'art de maîtriser la création de richesse consiste à devenir vraiment efficace non seulement pour gagner de l'argent, mais aussi pour comprendre que cette seule composante est inutile dans votre quête d'indépendance financière si vous ne maîtrisez pas les compétences des deux autres : La gestion et l'investissement adéquat de l'argent pour créer un véritable flux de trésorerie que vous pouvez emmener à la banque et ramener à la maison.

Il est essentiel de comprendre les deux derniers points plus en profondeur que le premier. Même une personne ayant un revenu modeste peut amasser une fortune d'un million de dollars au fil du temps si elle gère et investit ses fonds avec un haut niveau de compétence et génère des flux de trésorerie.

Le cash-flow est le facteur le plus important pour comprendre la croissance de la richesse. Récemment, une étude détaillant comment une femme a quitté l'université qu'elle fréquentait dans les années 1940 après avoir reçu des millions de dollars a été rendue publique.

Elle a travaillé comme secrétaire ou réceptionniste pendant la majeure partie de sa vie. Comment a-t-elle pu laisser autant d'argent ? Elle a vécu selon ses moyens, a géré ses finances avec sagacité, a investi prudemment et a amassé des millions de dollars. Avec la croissance de l'inflation et la dévaluation du dollar américain, ce phénomène est en train de s'estomper.

J'ai vu des personnes ayant des revenus annuels à six chiffres gâcher leur vie en dépensant au-delà de leurs moyens et en ayant des difficultés à la retraite. D'autres, qui gagnaient moitié moins que leurs collègues, jouissent d'un style de vie somptueux après avoir géré et épargné leur argent de manière efficace tout au long de leur carrière.

Ce que vous gagnez est généralement défini par votre capacité de gain réelle, par le montant que vous et votre employeur ou entreprise estimez valoir sur le marché, par le montant que vous pouvez tirer de votre métier ou de votre profession, ou par le bénéfice net que génère votre organisation.

Le moyen le plus simple de calculer ce montant est d'examiner vos déclarations de revenus des dernières années et de choisir la plus élevée. Lorsque vous essayez d'augmenter votre potentiel de revenu, il y a généralement quelques options à considérer. Les plus courantes :

- Travailler d'autres heures par semaine, faire des heures supplémentaires ou trouver un deuxième emploi.

- Acquérir la capacité d'accomplir la même quantité de travail que vous pouvez faire en moins de temps. Ou faire plus de travail dans le même laps de temps.

- Retourner à l'école pour améliorer vos études, acquérir une nouvelle compétence ou mettre à jour votre formation.

- Déménager dans un endroit qui paie mieux pour les capacités que vous possédez déjà ou accepter un poste mieux rémunéré.

La deuxième composante, la gestion proprement dite de votre argent, est influencée par la quantité d'argent que vous générez chaque semaine et par votre flux de trésorerie. Tout d'abord, vous devez gagner suffisamment d'argent pour couvrir vos frais de subsistance et en avoir un peu après avoir payé vos factures. Plus le montant restant après le paiement de vos factures est important, plus il est probable que vous disposiez d'un flux de trésorerie suffisant pour investir.

Si vous maintenez votre niveau de vie actuel et pouvez payer vos factures, vous devriez avoir plus d'argent. Pour investir, vous pouvez "trouver de l'argent" ou "gagner de l'argent". Cet autre revenu ou flux de trésorerie est le montant que vous devez épargner ou investir pour générer un flux de trésorerie différent. La création d'un budget principal de vos dépenses après avoir géré prudemment vos finances vous aidera à visualiser votre flux de trésorerie.

Voici quelques-uns des principaux endroits où vous pouvez être en mesure de "découvrir de l'argent" à investir dans l'avenir:

Remboursez immédiatement vos dettes de cartes de crédit, en commençant par les soldes les plus élevés. Arrêtez de soutenir les sociétés de cartes de crédit et les banques qui s'en prennent aux Américains normaux, et commencez à investir dans votre indépendance financière.

Ensuite, cessez de faire des achats à crédit ; débarrassez-vous de vos cartes de crédit et n'achetez que ce que vous pouvez vous permettre avec l'argent que vous avez gagné grâce à votre trésorerie. Cessez d'utiliser les cartes de crédit !

Si vous fumez des cigarettes, buvez de l'alcool ou participez à toute forme de jeu, bingo ou loterie, etc. - Arrêtez ! Ces pratiques sont préjudiciables à votre santé et à votre avenir financier. Par exemple, une boîte de cigarettes coûte environ 80 $.

Si vous fumez un seul paquet de cigarettes par semaine, vous gaspillez environ 4 000 $ par an pour cette terrible habitude. Une vie entière de fumeur pendant plus de 30 ans vous coûtera plus de 320 000 $, sans parler des coûts de santé. Arrêtez pour pouvoir investir dans votre avenir et profiter d'un style de vie meilleur et plus lucratif.

Arrêtez de consommer des repas provenant de restaurants et de chaînes de restauration rapide. Si vous êtes trop occupé pour préparer vos repas à l'avance, alors vous êtes trop occupé. Si tout le reste échoue, allez dans un club-entrepôt comme Sam's Club et achetez des repas congelés ou explorez d'autres solutions pour éviter de dépenser 20 à 30 $ chaque soir.

Bien que cela puisse paraître absurde, c'est tout de même moins cher que de manger au restaurant. Pour chaque repas de restauration rapide consommé à l'extérieur de la maison, ajoutez 8 $ au coût du repas. Cinq jours par semaine, cinquante semaines par an, cela équivaudrait à 2 000 $. Faites le calcul. Ajoutez 8 $ à 20 $ par jour pour chaque repas pris à table, selon l'endroit où vous mangez. Sur une année, cela représente des milliers de dollars.

Demandez-vous si vous effectuez des paiements mensuels pour un véhicule appartenant à la banque. Si vous louez, vous ne possédez rien. Voici une ligne directrice utile : Mettez suffisamment d'argent de côté pour que vos paiements mensuels ne dépassent pas 5 % de votre revenu mensuel net. Si votre ménage a besoin de deux automobiles, vous devriez acheter un deuxième véhicule d'occasion.

Payez en espèces pour le deuxième élément. Mon véhicule le plus récent était un véhicule d'occasion haut de gamme en excellent état mais avec plus de kilométrage. Il m'a coûté 4 000 $ en espèces, et je l'ai conduit pendant 38 mois. Il m'a coûté environ 105,26 $ par mois pour chaque mois où je l'ai possédé. Cela représente environ un tiers du coût de financement d'une nouvelle voiture.

Si vous allez au cinéma, regardez des événements sportifs, prenez des vacances coûteuses, faites-vous couper les cheveux à la mode et achetez des vêtements coûteux, réduisez vos dépenses pendant quelques années et investissez au lieu de rechercher la satisfaction instantanée.

Je crois que vous avez maintenant compris le concept. En optimisant vos revenus et en libérant de l'argent, vous générerez des liquidités et pourrez investir dans votre avenir financier.

Évaluez si vous pouvez éliminer les "extras" tels que le câble, les téléphones cellulaires, les animaux domestiques, les paiements automobiles, les divertissements et les voyages non essentiels jusqu'à ce que votre dette ne domine plus vos dépenses mensuelles.

Plus vous y travaillerez assidûment, plus vite vous atteindrez un point où vos dettes ne vous accapareront plus et où vous disposerez de réserves d'argent suffisantes pour rendre les urgences moins stressantes.

Votre objectif devrait être de gagner entre 100 000 et 250 000 dollars pour générer un flux de trésorerie suffisant représentant 10 à 30 % de vos revenus. Tant que vous maintenez un style de vie modeste, vous ne devriez pas avoir de mal à mettre de côté des fonds pour des investissements et à construire un portefeuille solide qui vous mènera presque certainement à l'indépendance financière.

Même si vous pouvez vous permettre le paiement mensuel, vous ne deviendrez jamais millionnaire si vous vivez comme tel. Maintenir un style de vie modeste et devenir millionnaire est préférable à essayer de suivre les voisins (et plus probablement essayer de les surpasser).

Une fois que vous avez augmenté votre cash-flow de plus de 30 % de vos revenus, vous êtes maintenant dans une excellente position pour choisir une stratégie d'investissement. Il existe trois principaux types d'investissement : L'épargne, les obligations, l'investissement en actions dans un domaine, et l'investissement dans l'immobilier et la création d'une entreprise serait le troisième.

L'investissement dans une entreprise a le potentiel de fournir le meilleur rendement. Les comptes d'épargne, les obligations et les actions offrent généralement les rendements les plus faibles. Au fil du temps, vous obtiendrez probablement entre un et sept pour cent. Dans le climat économique actuel, l'immobilier offre des bénéfices plus importants, allant de douze à cinquante pour cent sur la durée.

L'argent et les gains peuvent produire un rendement de centaines à milliers de pour cent pour une société. Le travail indépendant et le marketing de réseau entrent en jeu ici. Vous devez vous connecter à ces TROIS ÉLÉMENTS CLÉS, quoi que vous fassiez, qu'il s'agisse de travail indépendant, de marketing de réseau, de création d'entreprise ou de vente directe :

Vous devez avoir une passion pour ce dans quoi vous vous engagez, être capable de conserver votre enthousiasme et de vous y consacrer pendant une période prolongée.

Pour devenir un leader dans votre domaine, vous devez atteindre un haut niveau d'expérience dans le domaine de votre choix.

Vous devez apporter au marché ce que votre client ou votre consommateur souhaite vraiment.

N'oubliez pas que, dans toute entreprise, plus la récompense possible est grande, plus le risque est grand. N'investissez jamais plus que ce que vous pouvez vous permettre de perdre dans une seule entreprise.

Développer un haut niveau de compétence dans un domaine qui vous passionne est la clé pour obtenir d'excellents retours sur vos investissements. Comme pour les autres méthodes pour gagner de l'argent, vous serez mieux rémunéré si vous apportez une meilleure compétence et un meilleur talent à ce que vous vendez, commercialisez ou offrez à un consommateur ou à un partenaire commercial potentiel.

Prenez le temps de faire preuve de diligence raisonnable et d'effectuer des recherches pour déterminer lequel de ces véhicules vous conviendra le mieux et pour identifier les opportunités auxquelles vous comprendrez et aimerez participer à l'avenir.

En choisissant des actifs que vous comprenez et aimez, vous obtiendrez des rendements nettement plus élevés, diminuerez les risques et subirez moins de pertes que si vous vous contentiez de rechercher les possibilités offrant les taux de rendement les plus élevés.

Plus le taux de rendement potentiel augmente, plus le danger augmente. Pour réduire le risque associé à la conduite des affaires dans le climat économique actuel, l'élargissement de vos connaissances augmentera vos chances de réussite financière.

Si vous n'êtes pas sincèrement et réellement intéressé par la perspective en dehors du rendement potentiel, votre probabilité de mener les recherches essentielles et la diligence raisonnable restera probablement faible, en échec.

Quel que soit l'état actuel de votre trésorerie, c'est par là que vous devez commencer. En reconnaissant la nécessité d'améliorer votre trésorerie et en commençant immédiatement, vous améliorez vos chances de réussite dans chacun des trois domaines de l'augmentation de la trésorerie.

Il n'y a pas d'autres voies possibles. Vous devez acquérir le maximum de connaissances sur votre situation financière, créer de meilleures habitudes et consacrer plus de temps et d'énergie à la gestion et à l'investissement de votre argent pour améliorer vos finances aujourd'hui et accroître votre indépendance future.

# CHAPITRE 3: LES QUESTIONS AUXQUELLES IL FAUT RÉPONDRE POUR DÉTERMINER SI LA TRÉSORERIE EST SUFFISANTE.

Votre cash-flow est l'énergie financière qui soutient votre niveau de vie, l'acquisition de biens et de services, l'éducation de vos enfants, la planification de votre retraite, votre besoin et votre désir de prendre soin des autres et votre sécurité financière globale.

Pour maintenir un flux de trésorerie suffisant, vous devez vous engager dans une planification prudente en établissant des objectifs à long terme et les objectifs qui mèneront à leur réalisation. La suffisance de vos liquidités est ensuite définie par les ressources nécessaires à l'exécution de ces objectifs et à la réalisation de vos objectifs à long terme.

Sachant que les objectifs sont des tremplins vers les objectifs à long terme, vos chances d'avoir une stratégie réussie sont considérablement augmentées si vous apportez des réponses claires à ces cinq questions.

1. Où suis-je maintenant?

Votre situation actuelle doit être évaluée, ce qui implique de déterminer la source, le montant et la durée de vos revenus actuels.

De plus, avez-vous des économies mensuelles après avoir payé vos factures ?

Vos finances mensuelles sont-elles dans le rouge ?

Quels sont les actifs générateurs de revenus que vous détenez et qui contribuent à votre revenu mensuel disponible ?

Répondre à la question "Où en suis-je ?" de manière approfondie et prudente est un bon moyen de vérifier la réalité.

2. Où est-ce que je souhaite atteindre?

La fixation d'un objectif donne à vos actions et à vos comportements un sens du but, de la destination, de la quantité ou de l'intensité. Expliquez également le raisonnement qui sous-tend votre objectif. Établissez un plan ambitieux qui vous aidera et vous inspirera à faire une véritable différence dans votre vie.

Par exemple, doublez votre salaire, créez une autre source de revenus modestes de 5 000 $ ou plus par mois, créez une entreprise que vous pouvez exploiter 10 heures par semaine ou obtenez un diplôme ou une certification de haut niveau.

3. Quand est-ce que je souhaite arriver?

La procrastination génère une anxiété non maîtrisée, une conséquence importante et souvent négligée de l'absence de fixation d'une échéance. Estimez toujours un délai de réussite, sinon cette entreprise sera souvent reléguée au dernier rang de vos priorités. Des intervalles de trois à cinq ans sont pratiques pour les objectifs à long terme.

4. Comment s'y rendre?

Déterminez vos ressources et vos habitudes de dépenses. Calculer vos fonds excédentaires à la fin du mois et déterminer si votre source de revenu actuelle vous permettra de continuer et de subvenir à vos besoins pendant votre période d'activité de concentration est une méthode simple.

5. Que dois-je avoir pour arriver à l'heure?

Vous pouvez obtenir une certification, restructurer ou réduire vos dettes, déménager, obtenir un prêt ou créer de nouvelles relations. C'est également le moment d'envisager de faire appel à un mentor pour obtenir des conseils avisés, un point de vue impartial et des comptes à rendre.

En abordant ces tâches, vous vous concentrez sur la détermination des moyens les plus efficaces pour réussir dans les délais impartis. Vous avez maintenant la possibilité d'élaborer un plan crédible et d'obtenir le soutien des personnes qui vous entourent.

# CHAPITRE 4: DES MOYENS RAPIDES D'AUGMENTER LES FLUX DE TRÉSORERIE.

## *1. Marketing d'affiliation.*

De nombreuses personnes augmentent leur salaire en travaillant à temps partiel depuis leur domicile. C'est une idée fantastique pour de nombreuses raisons, notamment des horaires plus flexibles, une indépendance accrue et des possibilités de revenus infinies.

Supposons que vous envisagiez de rejoindre des millions d'autres indépendants prospères en développant votre entreprise de marketing multi-niveaux. Dans ce cas, vous aurez besoin de quelques idées de marketing d'affiliation pour améliorer votre trésorerie.

Vous devez avoir une compréhension fondamentale du marketing d'affiliation. Vous générez des ventes sur Internet en développant votre site Web et en dirigeant les internautes vers le site d'un détaillant, où une vente est effectuée.

L'objectif est alors que vous fassiez l'argument de vente initial sur votre site Web, de sorte que lorsque les clients visitent le magasin du commerçant, ils sont déjà prédisposés à faire un achat. Dans certaines circonstances, cela leur permettra également d'entrer en contact avec un être humain, surtout si le site du commerçant est essentiellement automatisé.

Lorsque vous vous inscrivez en tant qu'associé d'un vendeur particulier, celui-ci vous enregistre et utilise un logiciel de suivi pour s'assurer que vous receviez une commission sur chaque vente qu'il réalise par le biais de votre site Web. Cela signifie que vous n'avez pas à investir dans un quelconque stock ou à stocker des produits, et que vous n'êtes pas non plus responsable de l'emballage ou de la livraison.

Le choix suivant serait de savoir quels produits vendre ou avec quels détaillants collaborer. Cette option ne dépend que de vos goûts ; néanmoins, il est recommandé de choisir un produit que vous utilisez souvent ou pour lequel vous avez une forte passion, car cela vous permettra de mieux comprendre la conception de votre site Web.

Considérez les objets que vous appréciez ou que vous utilisez souvent, puis effectuez des études exhaustives sur les entreprises qui les fabriquent. Sur le marché que vous avez choisi, il existe probablement de nombreuses possibilités d'affiliation.

Vous pouvez également vous renseigner sur les programmes d'affiliation susceptibles de vous intéresser en lisant les nombreuses évaluations fournies par les anciens et actuels affiliés. Renseignez-vous sur l'ancienneté de l'entreprise et sur son classement dans les revues spécialisées.

Vous voudrez vous arrêter et prendre le temps d'identifier les marchands qui ont la réputation de traiter leurs affiliés équitablement et de garder leurs associés satisfaits pendant une longue période. Lorsque vous commencez votre étude, ayez une liste de contrôle pour savoir ce que vous attendez d'un programme d'affiliation rattaché à votre organisation de marketing multiniveau.

Vous devez également comparer l'investissement initial pour les choses que vous envisagez de vendre. Vous pouvez également investir de l'argent pour en gagner, bien que le montant requis pour démarrer varie considérablement. Une entreprise dont le coût de démarrage est modeste est intéressante pour les débutants car elle peut les aider à apprendre les ficelles du MLM avec un risque minimal.

## 2. Investir dans l'immobilier.

L'augmentation de votre cash-flow grâce à l'investissement immobilier a toujours été un moyen populaire d'accumuler de la richesse. Pensez-y : tant que les gens continueront à acheter des logements, cela restera l'une des meilleures techniques pour augmenter les flux de trésorerie personnels et constituer un patrimoine.

La difficulté est que si vous utilisez l'immobilier de manière inappropriée, vous pouvez perdre beaucoup d'argent. Examinons quelques méthodes permettant d'éliminer les risques lorsque vous augmentez vos revenus grâce à l'investissement immobilier.

Obtenez un mentor expert.

Les personnes qui réussissent le mieux à tirer parti de l'investissement immobilier pour améliorer leurs flux de trésorerie personnels ont appris ce qu'elles savent de quelqu'un d'autre. TRES peu de personnes qui exploitent avec succès l'immobilier pour augmenter leurs revenus l'ont appris à l'école des coups durs. En effet, une formation par "essais et erreurs" en matière d'investissements immobiliers peut coûter des milliers et des milliers de dollars en ce que Dave Ramsey appelle des "impôts stupides".

Par conséquent, vous devez trouver un mentor digne de confiance et compétent pour vous guider dans votre apprentissage de l'investissement immobilier et de l'augmentation des revenus.

Deuxièmement, soyez conscient de votre situation financière.

Avant d'investir dans l'immobilier pour augmenter vos liquidités ou accroître votre patrimoine, il est essentiel de mettre de l'ordre dans vos affaires personnelles. Cela signifie que vos finances sont en ordre, que vos dépenses sont inférieures à 70 % de votre revenu net et que vous disposez de réserves de trésorerie suffisantes pour couvrir trois mois de dépenses. Il est également conseillé de réserver systématiquement 10 % de votre salaire à des fins d'investissement.

Vous pourrez ainsi vous concentrer sur vos investissements pour augmenter vos liquidités sans vous soucier de savoir si vous êtes sur le point d'investir vos fonds hypothécaires. Même si vous choisissez de ne pas mettre en place ces éléments, vous devez obtenir un aperçu CLAIR et ÉCRIT de votre situation financière avant d'investir dans l'immobilier pour augmenter vos liquidités ou développer votre patrimoine.

Tenter de faire quelques prédictions.

Avant de commencer à investir dans des biens locatifs ou des biens que vous souhaitez vendre pour réaliser un bénéfice, entraînez-vous en consultant le site Web de l'évaluateur fiscal et en vous déplaçant dans votre ville pour vous faire une idée des perspectives disponibles. Cela vous aidera à gagner en confiance avant d'investir de l'argent réel pour augmenter vos liquidités.

## 3. Prêteur sur actifs.

Quels avantages un prêteur sur actifs offre-t-il à votre entreprise?

En deux mots : "Le cash-flow courant" est essentiel au succès de toute organisation.

" Flux de trésorerie créé par un investissement ou une entreprise au cours d'une période donnée. Il s'agit du bénéfice avant intérêts, impôts, dépréciation et amortissement, qui est une mesure du flux de trésorerie. Étant donné que la trésorerie est l'élément vital d'une entreprise, de nombreux experts considèrent le flux de trésorerie comme la mesure financière la plus essentielle. Les entreprises disposant d'un cash-flow substantiel sont souvent rachetées parce que les sociétés acquéreuses reconnaissent que ce cash-flow peut être utilisé pour aider à payer les coûts de l'acquisition."

Dans le monde réel, les banques, les analystes et les autres institutions financières évaluent la santé financière d'une entreprise en mesurant son flux de trésorerie. Une société ne peut pas payer ses factures à temps, réduire ses dettes ou investir dans sa croissance future sans un flux de trésorerie approprié.

Comment le financement basé sur les actifs sera-t-il bénéfique?

À la lumière de l'incertitude économique actuelle, les entreprises peuvent à nouveau considérer les prêteurs sur actifs comme une source potentielle de fonds de roulement pour stimuler la trésorerie. Historiquement, cette forme de financement ne disparaît jamais ; néanmoins, à mesure que l'économie se détériore et que le crédit se raréfie, les propriétaires d'entreprises sont beaucoup plus disposés à payer une petite prime pour avoir accès au fonds de roulement. En particulier lorsque l'alternative est de réduire le fonds de roulement. L'insuffisance du fonds de roulement se traduira par des opportunités manquées et une croissance restreinte.

Pourquoi les banques n'accordent-elles pas de crédit alors que les prêteurs basés sur les actifs le font?

Les comptes clients et, dans une moindre mesure, les stocks sont les actifs sur lesquels les sociétés de financement basé sur les actifs avancent des capitaux. Alors que les banques sont en mode de crise en raison de prêts immobiliers défectueux et de mauvais investissements, les organismes de financement basé sur les actifs restent robustes et prêts à aider les entreprises à se développer lorsque l'économie se redressera. Les prêteurs sur actifs n'accordent des financements qu'en fonction de la capacité des clients solvables d'une entreprise à payer les factures dans les délais.

Souvent, les banques prêtent aux petites et moyennes entreprises si elles disposent de garanties. Une banque ne prêtera pas sans valeur nette, sans garantie et sans flux de trésorerie, surtout dans le climat économique actuel. Cela signifie que les entreprises devront aller ailleurs pour obtenir un fonds de roulement.

En revanche, les ressources bancaires non traditionnelles améliorent les flux de trésorerie en injectant des fonds de roulement dans chaque facture générée par une entreprise. L'idée est simple, augmenter les ventes et améliorer l'accès aux liquidités. Tant que les consommateurs sont solvables et continuent à payer ponctuellement, les prêteurs sur actifs aideront votre entreprise à se développer et à réussir.

Le financement flexible d'une ligne de crédit pour comptes clients vous permet d'utiliser vos factures comme garantie pour un accès rapide au fonds de roulement.

Avantages du recours à un prêteur sur actifs:

- Obtenez un accès instantané au capital.
- La fourniture continue d'un fonds de roulement flexible pour augmenter la trésorerie.
- Libérez les ressources humaines pour des activités productives.
- Investissez plus de temps dans la croissance de votre entreprise et moins de temps dans le recouvrement des paiements.
- Contrairement à un prêt bancaire traditionnel, vous ne contractez aucune dette pour votre entreprise.
- Vous pouvez financer autant que vous le souhaitez.

Découvrez les avantages:

Les prêts basés sur les actifs fourniront à votre entreprise un financement simple et individualisé qui vous permettra de maximiser les opportunités.

## 4. Site d'adhésion.

Si vous avez déjà un modèle d'entreprise ou si vous voulez lancer votre entreprise, vous devriez envisager la possibilité d'un site d'adhésion. Même si cela dépend de la manière dont votre site d'adhésion sera établi, vous pouvez être tranquille en sachant que la grande majorité de leurs opérations sont automatisées, et qu'ils fonctionnent eux-mêmes. Cela équivaut à un flux constant de revenus passifs, et ces sites peuvent également contribuer à générer de l'argent résiduel d'autres manières.

Nous allons maintenant examiner plusieurs méthodes bien connues pour monétiser un site Web d'adhésion :

1. Frais d'adhésion et d'abonnement.

Si l'on prend l'exemple des magazines, on constate qu'ils font payer un coût annuel à leurs clients en échange d'un numéro mensuel. De nombreux magazines disposent désormais d'un système de renouvellement automatique, ce qui se traduit par un renouvellement automatique de l'abonnement s'il n'est pas annulé.

Un site web d'abonnement fonctionne de la même manière. En tant que propriétaire d'un site d'abonnement, vous pouvez facturer une cotisation annuelle et renouveler automatiquement les abonnements. Vos frais peuvent être renouvelés sur une base mensuelle, trimestrielle, semestrielle ou annuelle. La raison principale pour laquelle cela fonctionne si bien est que vous offrez un niveau de valeur et de service qui garantit effectivement que les personnes conserveront leur adhésion.

L'adhésion par paliers peut également être très populaire et fonctionne en offrant une adhésion argent, or ou platine. L'adhésion argentée ne fournit que l'essentiel, mais l'adhésion or offre une qualité supérieure. L'adhésion platine serait plus coûteuse, mais elle doit également offrir une valeur exceptionnelle. En adoptant un système de ce type, vous aurez la possibilité d'effectuer des ventes incitatives.

Un autre modèle d'abonnement offre également une adhésion gratuite et fonctionne généralement de la même manière que la constitution d'une liste de contacts, c'est-à-dire que vous offrez une incitation aux gens. L'objectif de l'adhésion gratuite est de fournir au client un aperçu sans risque de ce que vous proposez. Pour bénéficier de tous les avantages de votre organisation, vos membres doivent passer à une adhésion payante.

2. Autres possibilités de monétisation.

Cependant, la perception d'une cotisation mensuelle n'est pas votre seule option. En fonction de votre cible démographique et de votre stratégie commerciale, les méthodes suivantes peuvent être associées à des adhésions payantes ou gratuites. Parmi les autres options, citons:

Possibilités de partenariat et/ou de commission d'affiliation:

La plupart des modèles d'adhésion se prêtent à des possibilités de partenariat et de ventes affiliées. Une option est le marketing de l'information, qui vous permet de promouvoir des produits particuliers dans le contenu de votre site Web. Ces produits peuvent être des produits d'affiliation ou des produits créés par des partenaires avec partage des revenus. Il existe également des options permettant de promouvoir votre site d'adhésion payant sur leur site web.

Autres revenus:

Vous pouvez également utiliser les sites d'adhésion pour promouvoir vos produits et services. Par exemple, un assistant virtuel pourrait fournir cinq autres heures de recherche chaque mois à ses utilisateurs, tout en proposant des alternatives susceptibles d'accroître les bénéfices.

Revenus publicitaires:

Enfin, un site Web d'adhésion peut générer des revenus publicitaires en vendant des espaces publicitaires à des entreprises spécifiques. Vous pouvez également participer à des programmes de type PPC, qui consistent à afficher des publicités sur votre site Web et à recevoir de l'argent lorsqu'elles sont cliquées.

Pour déterminer la stratégie de monétisation la plus pertinente pour votre entreprise, vous devez prendre en compte vos objectifs, votre public cible et le marché de niche qui vous intéresse. Cette action augmente la probabilité que les sites d'affiliation augmentent vos revenus et votre marge bénéficiaire.

## 5. Vendre le coaching.

Préparez-vous à générer des revenus substantiels grâce au programme le plus simple en cinq étapes pour vendre du coaching.

Et si vous découvriez les étapes pour gagner rapidement de l'argent qui inonderait immédiatement votre compte en banque ?

Voulez-vous apprendre la formule pour vendre du coaching en ligne?

Cette section a pour but de vous préparer à générer plus d'argent en vendant vos cours particuliers en ligne. Voici cinq étapes faciles qui augmenteront automatiquement vos ventes de soutien scolaire.

Étape 1 : Offrir une garantie de remboursement.

Étape 2 : Proposez des essais et des ateliers gratuits.

La publicité sur le site Web est la clé du succès de la troisième étape.

L'objectif de cette section est de montrer les étapes de la commercialisation du meilleur coaching. Voici des instructions qui peuvent être appliquées rapidement et sans effort.

Étape 1 : Offrir une garantie de remboursement.

Vous pouvez attirer les consommateurs avec des incitations telles qu'une garantie de remboursement, qui augmente les ventes et encourage davantage de personnes à faire affaire avec vous en réduisant le risque inhérent à chaque achat.

Cette tâche améliorera la confiance de vos clients car rien ne sera perdu. Ayez confiance en vos capacités car cette action fera une différence significative pour votre clientèle. Donnez-leur des échantillons gratuits, ce qui vous aidera dans votre publicité.

Deuxième étape : proposer des essais et des ateliers gratuits.

Organisez un séminaire au cours duquel vos clients obtiennent des informations complètes sur vos produits et offrez un essai gratuit de l'un de vos services. Présentez votre premier essai gratuitement, afin que les consommateurs soient plus enclins à acheter chez vous. En procédant ainsi, vous pourrez convaincre les individus de la valeur de vos offres et de la manière dont elles pourraient améliorer leur qualité de vie. Essayez de tirer parti de l'énorme pouvoir de la promotion de sites Web.

La publicité sur le site Web est la clé du succès de la troisième étape.

Rédiger des articles pour promouvoir votre site Web est la clé pour attirer des visiteurs. Utilisez la puissance du moteur de recherche pour l'optimiser et augmenter le trafic vers votre site Web. Grâce à votre site Web, les prospects seront plus facilement appréhendés. En outre, fournissez à votre site Web toutes les informations attendues. Donnez un aperçu complet de ce que vous avez l'intention de leur offrir, y compris toutes vos idées.

## 6. Mise en réseau par le biais d'enquêtes rémunérées.

Certains d'entre nous n'en sont peut-être pas encore conscients, mais connaissez-vous le travail en réseau dans les enquêtes rémunérées ? Je pense que la seule façon de gagner de l'argent grâce aux enquêtes rémunérées est de répondre aux enquêtes à temps et de les soumettre aux sites d'enquêtes. Une fois la tâche accomplie, ils détermineront le nombre de questions auxquelles vous avez répondu en un mois et vous paieront.

Le réseautage se définit comme le fait de recommander un ami ou d'inciter d'autres personnes à rejoindre une organisation ou une société. Ainsi, si vous avez réussi à recommander quelqu'un, vous serez récompensé par de l'argent ou d'autres incitations.

Ces sites d'enquête visent à appliquer un autre type de marketing Internet fondamental ; selon les rapports, cette méthode est également utilisée dans les enquêtes rémunérées. Vous rejoignez un réseau plus large lorsque vous vous inscrivez sur un site d'enquête.

Selon la définition d'une enquête sponsorisée, il y a trois acteurs principaux dans cette ligue : l'organisme de recherche marketing, les annonceurs/clients et vous, le consommateur/répondant. Plusieurs niveaux sont consacrés aux relations de réseautage entre les trois principaux participants. Mais comment le réseautage fonctionne-t-il pour les trois acteurs clés d'une enquête rémunérée ?

Tout d'abord, en vous inscrivant sur un site d'enquête, vous serez classé en fonction de vos profils d'informations personnelles. Cela signifie que vous serez placé dans un groupe en fonction de votre sexe, de votre statut social, de votre tranche d'âge, de votre niveau d'éducation et/ou de votre carrière. Les candidats aux enquêtes rémunérées sont généralement interrogés sur leurs passe-temps, leurs intérêts et leurs aliments préférés.

Ensuite, les clients/sociétés d'études de marché/annonceurs signent un contrat (ou paient le site d'enquête) pour envoyer à leurs répondants des liens et des courriels contenant des enquêtes en ligne. Ces enquêtes ont des qualifications prédéterminées pour les répondants et seront envoyées directement à ces personnes.

Tous les membres ou abonnés du site d'enquête mentionné ci-dessus ne recevront pas ces e-mails et ces liens ; vous pouvez recevoir un nombre limité d'opportunités d'enquêtes quotidiennes. Après avoir répondu à l'enquête, votre réponse sera transformée en points, et les points que vous gagnerez dans une semaine ou un mois indiqueront votre revenu.

En résumé, vous recevrez un nombre limité d'enquêtes, ce qui se reflétera dans votre argent. Ici, c'est le pouvoir du réseau qui prend le dessus ; si votre site d'enquêtes dispose d'un programme de réseau, si vous recommandez à d'autres personnes de rejoindre votre site d'enquêtes, elles seront incluses dans votre réseau si elles sont acceptées.

Cela signifie que vous recevrez de l'argent pour chaque enquête rémunérée à laquelle ils auront répondu. Si la personne que vous avez parrainée et qui a été acceptée renvoie une autre personne, cette dernière sera automatiquement ajoutée à votre réseau et vous recevrez des commissions pour chaque enquête rémunérée qu'elle aura réalisée. Dans l'ensemble, il s'agit d'une autre possibilité de gagner de l'argent grâce aux enquêtes rémunérées, plutôt que de se limiter à répondre à des enquêtes.

## 7. Bénéfices d'Amazon.

Alors que de nombreux spécialistes du marketing d'affiliation se concentrent sur la vente de produits numériques, le programme d'affiliation Amazon est beaucoup plus important et peut-être plus lucratif que la plupart des autres programmes d'affiliation en raison des nombreux produits populaires que vous pouvez promouvoir.

Pour gagner un revenu important en tant qu'affilié Amazon, vous devez identifier les bons produits à promouvoir et développer votre stratégie pour les vendre. Attendez-vous à générer un petit revenu au début, mais il est possible d'établir une activité qui se développe au fil du temps.

Pour gagner le plus d'argent sur Amazon, vous devez faire preuve de créativité et éviter d'imiter les autres sites de votre secteur. Sur votre site, vous pouvez promouvoir un produit populaire dans votre secteur. Pourtant, la réalité est qu'un certain pourcentage de vos visiteurs ne voudront peut-être pas l'acheter puisqu'ils le possèdent déjà ou quelque chose de similaire, évidemment, à l'exception de ceux qui font des achats actifs.

Pour toucher un plus grand nombre de personnes, il est nécessaire de vendre des produits majeurs, comme les appareils photo, et des articles connexes ou complémentaires à ceux qui possèdent déjà un appareil photo. Vous pouvez inclure les appareils photo, mais vous devez également cibler d'autres biens susceptibles d'intéresser les amateurs de photographie, tels que les livres, les cartes mémoire, les logiciels et les objectifs.

L'examen des statistiques et des rapports que vous recevez d'Amazon, qui révèlent ce que les gens achètent, est une méthode intelligente pour déterminer quels produits similaires vous devriez rechercher. Vous ne manquerez pas de constater que les clients achètent non seulement les produits commercialisés directement, mais aussi d'autres produits.

L'observation des habitudes d'achat peut également fournir des idées de marketing aux entreprises d'autres catégories. Vous pouvez pré-vendre de nouveaux produits sur Amazon avant qu'ils ne soient officiellement disponibles, une stratégie que peu de personnes utilisent.

Ce n'est pas possible pour chaque produit sur Amazon, mais vous pouvez souvent promouvoir et pré-vendre de nouveaux produits avant qu'ils ne soient publiés au public. N'oubliez pas de rechercher une page Amazon pour chaque nouveau produit que vous promouvez. S'il existe une page, vous pouvez souligner sur votre site Web ou votre blog que le produit est déjà disponible en pré-commande sur Amazon.

Les produits à prix élevé vendus par Amazon représentent un potentiel pour vous de gagner plus d'argent. Vous ne pouvez pas vous attendre à ce que les produits à prix élevé soient convertis aussi efficacement que les produits à bas prix, mais lorsque vous réalisez une vente, vous gagnez beaucoup plus. Certains articles à prix élevé, comme les bijoux, peuvent vous rapporter des commissions de 100 $ ou plus, il peut donc être intéressant de les étudier.

Nous espérons que vous comprenez mieux les différents facteurs qui influencent votre revenu en tant qu'associé Amazon. L'une des meilleures choses que vous puissiez faire dès le départ est d'aborder cette activité comme une entreprise légitime. Il y a tellement de choses à faire, mais l'une d'entre elles est de faire chaque action possible quotidiennement.

## 8. Produits saisonniers en Dropshipping.

L'effervescence de Noël est de retour. Les gens achètent de nombreux articles pour les donner ou les offrir à leurs proches. Cette saison, vous avez la possibilité de gagner de l'argent supplémentaire. L'expédition saisonnière de marchandises pourrait être un excellent moyen de gagner de l'argent supplémentaire pendant la période de Noël.

Dans le monde entier, les gens célèbrent les fêtes de fin d'année. De nombreuses personnes font du shopping et achètent pour elles-mêmes ou pour leurs proches. Il y a des fêtes partout où vous regardez. La liste comprend des cadeaux d'entreprise, des cadeaux d'échange, des cadeaux pour la famille et les amis, et plus encore. Ce ne sont là que quelques-uns des articles qui sont très demandés en cette saison.

L'expédition directe est simple. Vous pouvez effectuer cette tâche même les yeux fermés. C'est le moment idéal pour lancer une activité de livraison directe en ligne si vous n'avez rien à faire pendant les fêtes.

Vous devez rechercher des expéditeurs en gros de produits saisonniers. Recherchez des fournisseurs qui vendent des produits bon marché et de haute qualité. Vérifiez leur fiabilité en tant que grossistes. Demandez un échantillon et contrôlez leur qualité si vous avez l'intention d'acheter des produits en gros. Si vous êtes satisfait, vous pouvez négocier un bon prix pour l'expédition directe.

Ensuite, vous devez créer un site web pour télécharger les images des produits que vous avez l'intention de vendre. Assurez-vous que votre site est suffisamment attrayant pour attirer l'attention des clients. Une fois que tout est en place, répondez à tous les courriels des clients. S'ils se renseignent sur un produit particulier, répondez à toutes leurs demandes.

Lorsqu'un acheteur est satisfait et intéressé par un produit, il effectue un achat. Vérifiez que les marchandises sont arrivées dans un état satisfaisant. Une fois qu'il a payé, vous pouvez contacter instantanément votre expéditeur et faire expédier les articles à l'adresse fournie par le client.

Dropshipping Aujourd'hui, le secteur des entreprises connaît une hausse de la rentabilité. De nombreux entrepreneurs qui se sont lancés dans ce type d'activité sont aujourd'hui des hommes d'affaires à part entière et gagnent des revenus gratifiants.

Les vêtements pour enfants, en particulier les vêtements pour nourrissons, constituent l'une des niches de vêtements les plus recherchées pour le dropshipping. En général, les femmes achètent des vêtements pour bébés en excès.

Cela s'explique par le fait que les vêtements pour bébés, notamment les couches, doivent être changés souvent. La plupart des mères aiment se procurer des vêtements un peu plus grands que la taille de leur bébé pour une utilisation future ; acheter en ligne des vêtements en quantité est la méthode la plus pratique. Cela permettra aux mères d'économiser à la fois de l'argent et du temps, car elles n'auront plus besoin d'aller au centre commercial et de passer la majeure partie de la journée à chercher des vêtements pour bébés.

La plupart des boutiques de dropshipping spécialisées dans cette ligne de vêtements se sont tournées vers le dropshipping en gros. Ces hommes d'affaires continuent généralement à faire des affaires avec les propriétaires d'usine qu'ils ont choisis précédemment, mais ils revendent cette fois des vêtements pour bébé en volume.

De plus, les propriétaires d'usines favorisent ce type de transaction commerciale car leur volume de ventes est également en expansion. D'un autre côté, vous bénéficiez de cet arrangement car vous pouvez facilement vous débarrasser de l'objet acheté. Ainsi, votre investissement peut être facilement récupéré grâce aux bénéfices.

Certains propriétaires d'usine accepteraient de consigner leurs marchandises, surtout si vous êtes l'un de leurs clients les plus fiables et que vous générez un bénéfice substantiel. C'est un excellent moment pour vous, car vos encaissements deviennent plus faciles à gérer, et vous pouvez utiliser l'argent que vous avez économisé pour améliorer votre site Web et distribuer d'autres articles promotionnels.

La technologie Internet fait progresser le commerce, en particulier l'industrie du dropshipping. En utilisant l'Internet, votre entreprise de vêtements peut se développer à l'échelle mondiale. Les mères du monde entier peuvent désormais devenir vos clientes. Vous pouvez converser avec elles comme si vous étiez des voisines.

Le seul problème est la contrainte de temps, car la plupart de vos clients se trouvent dans des fuseaux horaires différents. Dans certains cas, votre client peut vous contacter au milieu de la nuit. Il suffit de rechercher une aide de nuit.

Ceux qui supportent et embrassent la difficulté trouvent qu'il est facile de gagner de l'argent. Il est satisfaisant de réaliser que vous pouvez toujours avoir un emploi stable même si vous êtes au chômage. Non seulement vous essayez d'améliorer votre situation, mais vous aidez également votre pays à réduire le chômage.

Le secteur de l'expédition directe exige une surveillance continue des fluctuations de prix et de la demande de produits. Il est essentiel de comprendre ce qui se vend rapidement sur les sites concurrents. Vous pouvez alors tirer le meilleur parti de ce que vous avez.

## 9. Trading de devises.

Le trading sur le marché des changes est accessible au trader lambda. Il n'est pas nécessaire d'être un trader ou un courtier professionnel pour participer au marché des changes. Ce marché est disponible vingt-quatre heures sur vingt-quatre et couvre de nombreux marchés et pays, ce qui vous permet de profiter des économies et de l'argent mondiaux.

Vous pouvez apprendre à réussir sur le marché des changes avec un peu d'éducation, de détermination et de bon sens. Le swing trading sur le forex est une sorte de négociation sur le marché qui vous permet de capitaliser sur un mouvement de prix avant ou après qu'il ne se produise.

Avant d'entrer sur le marché des changes, vous devriez avoir utilisé une plateforme de formation pour comprendre comment le marché fonctionne et reconnaître quand un swing se produit. Les plateformes de formation traitent souvent du swing trading et de la manière d'utiliser les indicateurs pour déterminer quand un swing va se produire ou s'est produit.

Une fois que vous avez déterminé quand un swing va se produire, vous devez choisir de quel côté vous voulez être. Il est possible d'acheter et de vendre pendant, avant et après un swing trade. Pour obtenir des résultats optimaux, il est essentiel de comprendre quand négocier sur un swing.

Le swing trading sur le Forex n'est peut-être qu'une des tactiques employées par les traders experts et les investisseurs classiques, mais c'est l'une des plus populaires en raison des sensations fortes qu'elle procure. Il est conseillé de réserver cette stratégie pour le moment où vous êtes plus expérimenté dans le trading forex et où vous avez été témoin de fluctuations.

Cela augmentera votre succès dans le swing trading forex et améliorera votre capacité à prédire les meilleurs mouvements pendant un swing. Une fois que vous aurez maîtrisé cette stratégie, vous ferez partie des meilleurs traders forex et serez en mesure de tirer profit des fluctuations du marché au lieu de perdre de l'argent.

## 10. Formation verte.

L'utilisation des énergies renouvelables et la localisation des éco-emplois créeront de nombreuses perspectives de nouvelles vocations vertes et constitueront un élément important du développement de nouvelles opportunités.

Les entreprises qui passent à l'énergie verte ont un impact considérable sur le potentiel de croissance des emplois verts. Elles sont toutes à la recherche d'une personne ayant une expertise dans le secteur afin de pouvoir la mettre en œuvre dans leur entreprise.

Comment la formation verte pourrait-elle être utilisée?

Pour intégrer l'expertise en matière d'énergie verte dans une entreprise, celle-ci doit disposer d'un personnel qualifié dans ce domaine. En raison de la nouveauté de l'industrie, de nombreuses organisations devront se recycler ou embaucher de nouveaux employés pour occuper des emplois verts. L'ensemble de l'économie verte a besoin d'individus plus instruits pour l'aider et s'adapter.

Les universités et les collèges ont commencé à proposer des cours sur les questions environnementales. Le gouvernement fournit des subventions pour former des personnes en vue de l'obtention de nouveaux titres de compétences en matière d'emplois écologiques, et les entreprises utilisent des fonds de subvention pour former le plus grand nombre possible de personnes afin qu'elles puissent entrer sur le marché vert.

Au début, les personnes à la recherche d'une formation écologique peuvent se sentir dépassées, car elles ne peuvent pas choisir parmi les énormes possibilités qu'offre l'économie verte.

Voici quelques étapes initiales:

Auto-éducation - Avant de dépenser de l'argent, consacrez un peu de temps à lire et à comprendre l'économie verte. Des articles et des livres électroniques en ligne accéléreront vos progrès.

Vos capacités - Assurez-vous que vous savez ce que vous désirez. Si vous aimez votre travail, vous pouvez explorer les postes liés à l'économie verte ou apprendre à le "verdir" rapidement.

Une formation verte - Une formation de qualité est le point de départ si vous souhaitez participer à la transformation. Le secteur de l'économie verte est en pleine expansion et commence à générer de nouveaux emplois.

Le vert englobe tous les secteurs d'activité ; presque tous les emplois précédents peuvent être convertis en emplois verts. L'économie verte crée de nouveaux emplois dans le secteur manufacturier tout en aidant tous les autres secteurs d'emploi.

Considérez l'énergie solaire, l'énergie éolienne, les économies d'énergie et la construction écologique comme des domaines de formation verte.

D'un point de vue historique, les prochaines années resteront dans les mémoires comme celles qui ont façonné l'avenir de l'économie verte et des emplois écologiques.

## 11. Externalisation.

La possibilité d'augmenter les bénéfices est l'une des opportunités que recherchent les hommes d'affaires. Vous pouvez employer différentes tactiques si vous possédez une entreprise et souhaitez augmenter vos revenus.

Aujourd'hui, les multinationales et les entreprises en ligne ont recours à l'externalisation pour maximiser leurs revenus. En raison de ses nombreux avantages qui peuvent contribuer à la croissance des revenus d'une entreprise, l'externalisation gagne en popularité en tant que méthode pour trouver des employés qualifiés.

À bien des égards, l'externalisation peut vous aider à atteindre cet objectif. L'externalisation peut profiter à votre entreprise en réduisant vos coûts salariaux et de paie. Lorsque vous pouvez réduire vos dépenses salariales et de paie, vous pouvez générer une chance d'améliorer votre profit.

Le personnel externalisé ayant des taux de rémunération inférieurs à ceux des employés normaux, vous pouvez réduire vos salaires et vos dépenses de main-d'œuvre en externalisant. Ceci est réalisable en raison de la différence du coût de la vie entre la société et l'employé externalisé.

Lorsque vous engagez un employé externalisé, vous ne devez même pas vous préoccuper des avantages et des primes. Les employés réguliers voudront bénéficier d'avantages tels qu'une couverture d'assurance médicale et dentaire, ainsi que des primes de 13 et 14 mois. Vous n'avez plus à vous soucier de telles circonstances lorsque vous engagez un employé externalisé.

Une autre façon dont l'externalisation peut améliorer les bénéfices est de réduire les dépenses de production. Lorsque vous recrutez des employés réguliers, ils consomment de l'eau et de l'électricité. Un travailleur sous contrat ne contribuera pas à l'augmentation de vos coûts de services publics.

Cela augmentera les coûts mensuels des services publics de votre entreprise. En revanche, un employé externalisé est responsable de ses dépenses en services publics. Il est responsable de l'achat et du paiement de son ordinateur et de sa connexion Internet.

En maximisant la production, l'externalisation peut également représenter une opportunité d'augmenter les profits. Il arrive que votre équipe ne soit pas en mesure de répondre aux besoins de vos clients. Cela vous empêche d'élargir et d'accroître vos possibilités de générer des revenus. Vous pouvez utiliser l'externalisation pour identifier les candidats les plus qualifiés qui peuvent satisfaire les besoins de vos clients.

Grâce à l'externalisation, le monde entier devient votre source de main-d'œuvre. Vous n'êtes pas limité aux ressources humaines locales. L'externalisation peut vous offrir de nombreuses autres options pour augmenter vos revenus. Vous devriez visiter les sites Web contenant ces informations pour en savoir plus.

Ne vous limitez pas à une main-d'œuvre locale trop chère ; en externalisant par le biais d'une plateforme réputée, de nombreux travailleurs étrangers qualifiés et brillants sont prêts à rejoindre votre empire commercial.

Si vous savez où trouver ces personnes en ligne, vous pouvez économiser au moins 50 % par rapport à l'embauche locale traditionnelle. Ces réductions de coûts peuvent être plus que suffisantes pour vous aider à développer votre entreprise.

## 12. Rédiger des articles de blog sponsorisés.

Si vous tenez un blog, c'est parce que vous êtes enthousiaste à propos de ce que vous écrivez dans vos blogs. Vous voulez partager vos informations avec le monde entier. Vous voulez en tirer de l'argent.

AdSense est la plate-forme publicitaire la plus populaire parmi les blogueurs et les éditeurs de sites Web, car elle fournit des publicités pertinentes pour le contenu d'un blog ou d'un site Web. Les gens gagnent beaucoup d'argent grâce à elle. Certaines personnes gagnent un salaire à six chiffres grâce à AdSense, mais cela dépend fortement de la popularité de votre blog et de sa capacité à attirer du trafic depuis les moteurs de recherche.

En dehors d'AdSense, il existe quelques autres options pour monétiser votre blog, comme les programmes d'affiliation, qui versent des commissions généreuses sur les ventes et les pistes que vous générez pour les annonceurs par le biais de votre site Web. Par conséquent, si vous n'êtes affilié à aucun site Web, vous passez à côté d'une formidable possibilité de gagner de l'argent.

La rédaction sponsorisée devient en effet de plus en plus populaire parmi les blogueurs. La "rédaction sponsorisée" a gagné en popularité et est devenue la préférée de la plupart des blogueurs au cours de l'année dernière. Elle est également connue sous le nom de "blogging rémunéré" ; qu'est-ce que le blogging rémunéré ?

Certains sites Web mettent en relation les annonceurs et les blogueurs, généralement appelés "sites de blogs rémunérés". Ces sites contiennent de nombreux spécialistes du marketing qui cherchent quelqu'un pour écrire sur leurs services, produits ou sites Web en échange d'une rémunération.

Par conséquent, les blogueurs écrivent des évaluations à leur sujet, et si le site de blogs rémunérés approuve votre article, vous serez rémunéré et devrez publier l'évaluation sur votre blog.

Cette pratique est de plus en plus populaire car ces évaluations ne ressemblent pas à des publicités, et les auteurs sont payés très cher pour cela. Certains sites paient 100 dollars pour un article de 400 mots seulement. La deuxième raison est que vos visiteurs obtiennent des informations sur les nouveaux articles et services.

Certains sites vous permettent d'être aussi critique que possible à l'égard des produits de l'annonceur, tandis que d'autres vous obligent à n'écrire que des choses positives sur l'annonceur.

Le montant que vous recevrez dépendra de variables telles que le Page Rank et le trafic de votre blog. Par conséquent, maximisez vos revenus grâce à la rédaction sponsorisée et rejoignez autant de sites de blogs rémunérés que possible pour exposer votre blog à un maximum d'annonceurs.

## 13. Programme de coaching en ligne.

Il y a tellement de choses que les gens doivent étudier aujourd'hui pour réussir dans la vie. Pour améliorer leur entreprise, ils peuvent avoir besoin de maîtriser la compétence du marketing en ligne, ou ils peuvent souhaiter s'inscrire à des cours de développement de la personnalité. La plupart de ces personnes n'ont pas le temps d'assister à des cours universitaires traditionnels, elles s'inscrivent donc à des programmes de coaching en ligne pour acquérir les connaissances nécessaires.

En tant que spécialiste du marketing, vous ne pouvez pas vous permettre de laisser passer cette chance. Non seulement vous devriez envisager de proposer des programmes de coaching en ligne pour augmenter vos revenus en ligne, mais vous devriez également envisager d'augmenter vos tarifs pour accroître vos gains. Voici comment y parvenir :

Établissez votre autorité en ligne. Si personne ne vous connaît ou ne vous fait confiance, il est impossible d'effectuer une transaction décente, et encore moins d'augmenter vos prix. Par conséquent, les visiteurs en ligne doivent vous percevoir comme une autorité dans le secteur que vous avez choisi.

Partagez une partie de votre expertise avec ces personnes en utilisant des techniques Internet efficaces (blogs, forums, webinaires, marketing d'articles et publication d'ezines).

Assurez-vous que vous pouvez aider vos clients potentiels à résoudre leurs problèmes urgents ou leur donner les moyens d'agir de manière indépendante. C'est le seul moyen de démontrer votre valeur et d'acquérir leur confiance.

Examinez la concurrence. Vous pouvez comparer vos services à ceux de vos rivaux. Avez-vous d'autres avantages ? Vos articles sont-ils plus utiles ? Si vous pensez que vos articles sont nettement supérieurs à ceux de vos concurrents, vous pouvez augmenter vos prix jusqu'à 100 %. Vous n'avez pas à vous soucier de perdre des clients si vous parvenez à les convaincre que vos produits ont plus de valeur que les produits équivalents vendus en ligne.

Comprenez votre marché cible. Vous ne pouvez pas augmenter vos prix si votre marché cible s'en sort à peine. Avant d'augmenter vos prix et de prédire de combien ils augmenteront, vous devez bien comprendre le pouvoir d'achat de vos clients.

Déterminez combien d'argent gagne votre marché cible et comment il réagirait si vous augmentiez le prix de vos formules de coaching en ligne en effectuant des recherches.

## 14. Marketing en ligne.

Saviez-vous que la commercialisation d'entreprises sur Internet pouvait éliminer vos problèmes de trésorerie ? La commercialisation de votre produit ou service ou la commercialisation d'un produit ou d'un service pour d'autres personnes peut vous fournir l'argent supplémentaire dont vous avez besoin dans les moments difficiles. Il est vrai que des dizaines de milliers de personnes le font chaque jour et excellent dans ce domaine.

Outre la promotion d'un produit ou d'un service par le biais d'un site Web, gagner de l'argent en ligne est avantageux car vous pouvez également atteindre les gens par le biais des médias sans fil et du courrier électronique. Ce pourrait être le second emploi idéal pour vous si vous avez des connaissances en matière de conception de sites Web et si vous aimez la vente et le marketing. Certaines personnes ont tellement de succès dans leurs activités sur Internet qu'elles n'ont pas besoin d'un emploi traditionnel.

Même si vous n'êtes pas un véritable expert dans ces domaines, vous pouvez obtenir les outils ainsi que les ressources nécessaires pour vous mettre à niveau si vous êtes réellement intéressé à gagner de l'argent en ligne en acquérant une formation. Si vous prenez le temps de faire une étude approfondie, de nombreux outils et services gratuits et conviviaux peuvent vous aider à atteindre votre objectif de sécurité financière.

Vous devez vous familiariser avec les nombreux types de publicité utilisés pour attirer les visiteurs sur un site Web. Il peut s'agir de la publicité par affichage, qui utilise des bannières ou des annonces sur un site Web pour promouvoir un produit ou un service similaire à celui que vous commercialisez. Il s'agit d'une stratégie largement utilisée pour sensibiliser les consommateurs à vos produits, et le placement des annonces peut être payant.

Les affiliés sont une autre méthode de commercialisation des articles et services sur Internet. Cette publicité rémunère un affilié pour chaque visiteur qu'il amène sur le site Web d'une autre entreprise. De nombreuses entreprises paient des frais pour chaque consommateur qui visite leur site web et paient souvent davantage pour ceux qui effectuent un achat.

L'utilisation des médias sociaux est une technique de marketing Internet très répandue aujourd'hui. L'utilisation d'un groupe de médias sociaux pour faire de la publicité sur un site web ou par d'autres canaux permet d'augmenter le nombre de clics qui ne se produiraient pas autrement. Les groupes de réseaux sociaux ont naturellement un trafic organique important.

Le marketing vidéo est très efficace pour générer des visiteurs sur un site web. Il s'agit de développer et d'organiser des films pour intriguer le spectateur et l'inciter à visiter le site Web et à effectuer un achat.

Si cela vous intéresse, cherchez à savoir quel type de produit ou de service vous aimeriez offrir ou aider à faire de la publicité pour les autres. Il n'est pas raisonnable d'espérer devenir riche du jour au lendemain, mais avec le bon créneau et la bonne formation, le marketing en ligne est un excellent moyen de démarrer!

# CHAPITRE 5 : COMMENT GAGNER 5 000 $ PAR HEURE ET AUGMENTER VOTRE TRÉSORERIE.

Le flux de trésorerie est l'élément vital de votre entreprise et de vos finances personnelles. Il détermine si votre entreprise ou votre compte bancaire va survivre ou périr. Les entreprises et les particuliers qui disposent d'une trésorerie abondante et facilement disponible ont plus de chances de réussir dans des conditions économiques difficiles ou favorables.

Pour qu'une entreprise à domicile réussisse, la génération d'un flux régulier de revenus doit être un objectif prioritaire, en plus du marketing. En réalité, le flux de trésorerie est le seul facteur qui dicte toutes les autres opérations de l'entreprise. Il vous permet de respirer, et son absence étouffera votre entreprise ou votre compte bancaire.

Le cash-flow vous permet de prendre des décisions raisonnables basées sur des principes commerciaux intuitifs plutôt que des décisions basées sur votre niveau d'anxiété financière. Elle vous aide à établir un bon crédit auprès des prêteurs et des fournisseurs et vous permet de continuer à acheter du marketing et de la publicité pour votre entreprise.

La publicité et les ressources nécessaires pour que votre entreprise continue à faire du marketing et à générer des ventes génératrices de trésorerie. Un flux de trésorerie abondant implique que vos factures continueront d'être payées à temps, que les salaires seront payés si vous embauchez quelqu'un d'autre que vous-même et que votre niveau de stress diminuera en conséquence directe des succès de votre entreprise.

L'augmentation de votre trésorerie chaque jour où vous exploitez une entreprise à domicile ou toute autre entreprise est essentielle pour obtenir les résultats constants nécessaires pour survivre en affaires et prospérer. Comment, dès lors, assurer un flux de trésorerie continu et une croissance constante du flux de trésorerie au fil du temps ?

Participez à une entreprise dotée d'un plan de rémunération optimal qui génère un flux de trésorerie substantiel à chaque vente. Cela semble plus facile à dire qu'à faire, n'est-ce pas ? C'est faux. Le plus souvent, les propriétaires d'entreprises à domicile se lancent dans une activité qui promet de rapporter gros.

Cependant, le volume d'affaires nécessaire pour créer les rendements annoncés est souvent plus important que ce que la plupart des gens peuvent produire. Trop souvent, les individus entrent dans une entreprise qui les oblige à déplacer d'énormes quantités de produits ou à fournir une abondance de services pour obtenir des rendements financiers substantiels.

La vente ou la promotion d'un produit ou d'un service qui coûte au consommateur 20, 30 ou 40 dollars ou plus ne rapportera pas les mêmes commissions ou bénéfices que la vente ou la commercialisation d'un produit ou d'un service qui coûte au consommateur 1 000, 5 000 ou 10 000 dollars ou plus.

L'argument sera toujours que ces produits plus chers ne se vendront pas aussi souvent. Je ne suis pas d'accord ; si le produit améliore la vie du consommateur et ajoute de la valeur, il peut être commercialisé et vendu, ce qui augmente le flux de trésorerie.

Recherchez un produit ou un service qui ne nécessite pas des milliers de clients pour être rentable et qui ne vous oblige pas à travailler de longues heures chaque jour. En tant que gérant d'un restaurant, je devais maintenir le restaurant ouvert au moins 16 heures par jour, sept jours par semaine, 52 semaines par an, ainsi que servir des clients qui dépensaient 10 à 20 dollars par personne pour gagner des milliers de dollars de recettes hebdomadaires.

J'ai embauché des centaines d'employés pour les restaurants et j'avais besoin de ces énormes structures pour mener à bien mes activités, une activité dont les frais généraux sont considérables. Année après année, c'était épuisant.

Vendre un produit ou un service qui ne nécessite pas de nombreux consommateurs pour produire des dizaines de milliers de dollars de ventes est plus logique aujourd'hui. Le rendement accru du marketing et de la publicité réduit les frais généraux et élimine le besoin de travailleurs, augmentant ainsi le flux de trésorerie qui permet à votre entreprise de se développer.

Mettez en place des systèmes automatisés. Avec la technologie d'aujourd'hui, vous pouvez accéder à des systèmes qui, une fois mis en place, feront pratiquement fonctionner votre entreprise 24 heures sur 24, 7 jours sur 7, 365 jours par an, même pendant votre sommeil, assureront le suivi de vos clients potentiels et effectueront de multiples transactions sans que vous ayez à "tenir la caisse", pour ainsi dire.

L'accès à ces systèmes et l'intégration de votre produit et service permettront à votre entreprise de continuer à fonctionner pendant que vous êtes en vacances ou que vous prenez un jour de congé. Vous n'avez pas besoin d'être physiquement présent pour conclure chaque vente avec vos clients.

La plupart des personnes qui travaillent à domicile n'ont besoin que d'un accès à Internet, d'un ordinateur, de matériel de marketing et de publicité, et d'un système de réponse automatique, après quoi elles peuvent laisser le système faire son travail. Voilà, à mesure que les ventes augmentent, les rentrées d'argent augmentent !

Assurez-vous d'être payé en premier. Je l'ai déjà dit. C'est essentiel pour le flux financier. Sans rémunération pour ce que vous vendez, gérer une entreprise est inutile car il n'y aurait pas de flux de trésorerie.

Avec la technologie d'aujourd'hui, vous pouvez intégrer des systèmes de paiement tels que PayPal, Alertpay, MoneyPak et des transactions par carte de crédit/débit directement sur un site Web et être payé presque immédiatement pour des produits et des services sans avoir à attendre un chèque d'une société mère ou des fonds provenant du siège social.

Le paiement instantané des biens et des services est devenu la norme à l'ère du numérique. Pas d'attente de paiement. Cela améliore vos liquidités. En établissant des relations de coentreprise avec des entreprises compatibles avec vous et en permettant un paiement rapide, vous augmenterez vos revenus et diminuerez vos dépenses. C'est une situation gagnant-gagnant.

En travaillant à domicile ou en créant une entreprise à domicile, vous connaîtrez une diminution des dépenses et des frais généraux de l'entreprise et serez en mesure de fonctionner plus efficacement que la plupart des grandes organisations. Il n'est pas nécessaire d'avoir une structure ou un bureau.

Il n'est pas nécessaire de payer un loyer ou un bail, il n'est pas nécessaire de payer des primes d'assurance exorbitantes, et en vérifiant vos polices d'assurance, vos forfaits téléphoniques et vos régimes de soins de santé, surtout si vous ne l'avez pas fait récemment, vous trouverez des économies supplémentaires qui vous permettront d'augmenter votre trésorerie.

Trouver des moyens plus rentables de faire fonctionner votre entreprise vous permettra de réduire les coûts ici et là. Cela peut améliorer considérablement vos flux de trésorerie et vos bénéfices, augmentant ainsi le capital disponible de votre entreprise.

Proposez des biens et services numériques. À l'ère de la technologie et de l'information, un produit numérique est facilement distribué et vous pouvez générer des bénéfices instantanément. En éliminant l'adage qui consiste à stocker du matériel, des fournitures de produits et des stocks sur des étagères en attente d'être vendus ou utilisés pour créer ou construire quoi que ce soit qui bloque d'importantes réserves financières, vous influencerez considérablement le flux de trésorerie.

La vente d'un produit ou d'un service numérique est un moyen de générer rapidement de l'argent. Elle élimine la nécessité d'un inventaire physique qui ne se vend pas à moins que vous ne le manipuliez, l'emballiez et le déplaciez dans un autre endroit, ce qui entraîne un coût pour la trésorerie. De plus, cela libère de précieuses liquidités pour d'autres utilisations.

Suivez la règle 80/20. La règle 80/20 suggère que seuls 20 % de vos prospects et clients représentent 80 % de vos bénéfices. (ou, dans le cas d'une organisation basée sur les services, des efforts). Les 20 % de votre base de consommateurs qui achètent ce que vous vendez serviront de groupe cible pour les articles et services futurs.

Pourquoi s'engager dans une activité ou une opportunité à domicile qui vous oblige à découvrir des milliers de prospects pour acheter chez vous afin de gagner le même niveau de cash-flow si vous n'avez besoin que de quelques clients pour générer un revenu et un cash-flow importants ?

Déterminez quelles sont vos activités ou vos articles les plus rentables et les plus productifs, et concentrez tous vos efforts de marketing et de publicité sur ceux-ci. En procédant ainsi, vous ne remarquerez pas que vos ventes continuent de monter en flèche au fil du temps, ce qui vous permettra d'atteindre ce salaire horaire insaisissable de 5 000 $!

# CHAPITRE 6: TRANSFORMER UN FLUX DE TRÉSORERIE NÉGATIF EN FLUX DE TRÉSORERIE POSITIF.

Voici quelques suggestions pour gérer vos coûts afin de vous aider à atteindre vos objectifs financiers:

Examinez les 10 principales dépenses mensuelles de votre budget ; il y a presque toujours au moins un ou deux éléments dont vous pourriez vous passer, ce qui vous permettrait d'avoir plus d'argent à la fin de chaque mois.

C'est le moment d'éliminer vos mauvais comportements.

Si vous fumez, ce sera l'habitude la plus difficile à perdre. Le tabagisme passif et passif est néfaste pour le fumeur et son entourage. Sans parler de l'augmentation des taxes sur le tabac.

Créez et respectez un budget. Un budget vous permet d'évaluer vos revenus et vos dépenses mensuelles et de départager les nécessités des désirs.

Vivez selon vos moyens financiers. Si vous dépensez chaque dollar que vous gagnez à la fin de chaque mois, vous n'aurez aucun capital d'investissement. C'est une question de bon sens.

Tenez un budget et organisez vos finances. Soyez économe. N'achetez que ce qui est abordable et nécessaire. Ne vous habillez pas pour impressionner vos adversaires.

Augmentez les franchises de vos polices d'assurance habitation, automobile et autres pour réduire vos prix.

Si vous payez une assurance hypothécaire, remboursez votre prêt le plus rapidement possible.

C'est le prêteur hypothécaire qui est protégé par l'assurance, pas vous ni votre famille.

Remboursez vos mauvaises dettes.

Utilisez ces méthodes pour augmenter vos revenus.

Les objets dont vous n'avez plus besoin. Vendez tous les objets inutilisés qui traînent chez vous. Utilisez Craigslist ou organisez un vide-grenier pour vendre ces articles.

Louez votre chambre d'amis. Sur des sites Web comme Airbnb, des millions de propriétaires louent aujourd'hui des chambres ou des étages de leur résidence actuelle pour de courtes périodes.

Louez votre voiture. Des sites comme Uber et Turo vous permettent de louer les autres sièges de votre voiture - ou le véhicule entier si vous êtes audacieux !

Mettez à profit vos talents et votre temps. Il vous reste du temps après avoir vendu vos biens ? Utilisez vos compétences professionnelles ou vos intérêts personnels pour générer des revenus supplémentaires pendant vos temps libres, vos nuits et vos week-ends. Si vous aimez fabriquer des produits artisanaux, vous pouvez les vendre sur Etsy.

Les fruits de votre arbre peuvent être vendus sur le marché local. De nombreuses maisons à Hawaï ont des arbres fruitiers dans leur jardin. Vous avez une recette particulièrement populaire ? Vendez-la sur les marchés fermiers du quartier.

Vous pouvez également gagner de l'argent supplémentaire en cuisinant, en faisant le ménage, en gardant les enfants ou en promenant les chiens. Les possibilités sont illimitées. Vous pouvez annoncer vos services sur des sites Web tels que TaskRabbit. Vous pouvez également vous inscrire auprès des Turcs Mécaniques d'Amazon, où vous pouvez accomplir de petites tâches contre rémunération.

# CHAPITRE 7: DES RÉSOLUTIONS POUR AMÉLIORER IMMÉDIATEMENT VOTRE TRÉSORERIE.

L'amélioration de votre trésorerie et la réduction de vos dettes sont des objectifs vitaux pour quiconque, et j'ai l'intention de vous aider à atteindre ces objectifs en neuf étapes simples.

1. Planifier l'avenir :

Ayant travaillé dans l'industrie alimentaire et analysé les statistiques de vente, je sais que les prix des magasins de proximité sont de 20 à 30 % supérieurs à ceux des épiceries. Quel est le rapport avec l'amélioration des flux de trésorerie ?

Si vous planifiez vos courses d'épicerie à l'avance, vous pourriez économiser 20 à 30 % de plus. Il en va de même pour pratiquement tout, y compris les abonnements à des magazines, les fournitures ménagères et d'autres articles d'usage courant.

2. Refinancer votre prêt immobilier:

Lorsque vous refinancez votre prêt hypothécaire, vous pouvez remplacer votre prêt actuel par une nouvelle première hypothèque. Si vous pouvez bloquer un taux d'intérêt plus bas que celui que vous avez actuellement, les économies peuvent être substantielles.

Amples comment ?

Si vous convertissez un prêt hypothécaire à taux fixe de 150 000 $ sur 30 ans à 8,5 % en un prêt de 150 000 $ sur 30 ans à 7 %, votre versement hypothécaire mensuel diminuera de 155 $. Vous économiserez plus de 40 000 $ en paiements d'intérêts pendant presque toute la durée du prêt. Vous venez d'augmenter vos liquidités mensuelles et d'économiser plus de 40 000 $. C'est une approche prudente des finances!

3. Utilisez la valeur nette de votre maison pour réduire d'autres dettes:

Si vous disposez d'une valeur nette immobilière importante et d'une montagne de dettes de cartes de crédit, il serait plus logique de contracter un prêt sur valeur nette immobilière et de rembourser vos cartes de crédit.

Vous devrez payer les frais de clôture et d'autres dépenses au départ, mais les économies réalisées grâce à la réduction des paiements mensuels peuvent avoir un impact substantiel sur votre flux de trésorerie mensuel.

La procédure est simple : il suffit d'effectuer un refinancement avec retrait de fonds. Il s'agit d'obtenir une nouvelle première hypothèque dont le solde est supérieur à celui de votre hypothèque actuelle. La différence réside dans la somme d'argent que vous avez "retirée" du logement, que vous avez placée dans votre poche et, idéalement, que vous avez appliquée à vos autres factures.

Au lieu d'obtenir un nouveau prêt hypothécaire, vous pouvez opter pour un prêt sur valeur nette immobilière. Les taux sont généralement plus avantageux que les taux hypothécaires ordinaires et les frais associés à l'obtention du prêt sont minimes ou nuls.

Il y a toutefois une exception : les taux des prêts sur la valeur nette d'une maison sont souvent variables et peuvent donc augmenter si la Réserve fédérale décide d'augmenter le taux préférentiel (et une foule d'autres facteurs). Un prêt sur la valeur nette d'une maison peut être préférable à une première hypothèque normale si vous n'avez pas besoin d'une somme d'argent importante et si vous prévoyez de rembourser le prêt dans les trois à cinq ans.

4. Faites le tour du marché pour trouver une assurance moins chère:

À quand remonte la dernière fois où vous avez fait des recherches pour une police d'assurance ? Si vous avez souscrit une police d'assurance habitation il y a vingt ans ou une police d'assurance automobile il y a plusieurs années, vous pouvez souhaiter comparer les prix actuels.

Il est possible que vous ayez maintenant droit à un tarif préférentiel ou que vous puissiez réduire la quantité de couverture dont vous avez besoin. L'idée est d'obtenir une couverture d'assurance appropriée sans payer plus que nécessaire.

5. Réduisez vos dépenses:

Vous envisagez actuellement quelque chose de désagréable mais ne vous en faites pas. Pourquoi ne pas augmenter mes revenus plutôt que de réduire mes dépenses ? Diminuer vos dépenses est bien plus simple (et plus rapide) que d'augmenter vos revenus. Vous pouvez faire des milliers de petites actions pour réduire vos coûts hebdomadaires et mensuels.

Certaines mesures de réduction des coûts sont plus simples à adopter que d'autres, mais une fois qu'elles ont été mises en œuvre, vous n'avez plus besoin de les considérer. J'ai rédigé un essai intitulé "Vivre en dessous de ses moyens" qui détaillait différentes stratégies de réduction des coûts, mais voici les plus importantes d'entre elles:

Des méthodes simples pour réduire les dépenses.

Ne fumez pas, réduisez votre consommation d'alcool, annulez vos abonnements inutilisés à des magazines, refusez d'utiliser les distributeurs automatiques de billets qui prélèvent des frais, achetez en gros chaque fois que c'est possible, évitez les lattes moka à double dose tous les jours, apportez votre déjeuner au travail et annulez votre abonnement à une salle de sport si vous ne l'utilisez pas. Ce ne sont là que quelques idées.

L'objectif est de déterminer où va votre argent et d'envisager des stratégies pour réduire vos dépenses.

6. Mangez moins souvent à l'extérieur:

Cet élément aurait pu facilement être inclus dans la catégorie des dépenses réduites énumérées ci-dessus, mais il mérite son propre "chiffre". Nous dépensons beaucoup plus en nourriture et en boissons que nous ne le pensons. Vous devez apprendre à cuisiner, à utiliser les restes et à manger moins souvent au restaurant. Ce dernier point peut vous faire économiser beaucoup d'argent.

Voici d'autres stratégies à adopter au restaurant:

- Le vin ne doit pas être commandé avec le souper. Buvez de l'eau. Cette mesure m'a vraiment permis d'économiser près de 1 000 $ en un an. Vous avez bien lu, je ne consomme que deux verres de vin au dîner. Je n'ai pas suivi la règle consistant à dîner moins souvent au restaurant parce que j'étais célibataire à l'époque.

Je recommande de sauter le dessert et le café au restaurant et de le manger à la maison au lieu de payer 3,50 $ pour une tranche de gâteau aux carottes alors qu'un gâteau entier peut être acheté pour moins cher à l'épicerie. Le café vous coûtera quelques centimes. Par contre, le cappuccino vous coûtera 3 $.

- Le dîner au restaurant est souvent une occasion sociale à laquelle participent votre conjoint, votre famille et vos amis. Cela mérite un travail supplémentaire. Si vous avez l'habitude de sortir avec des amis, pourquoi ne pas manger "à l'extérieur" chez des amis au lieu d'aller au restaurant?

7. Vérifiez à nouveau votre formulaire W2:

Vers mars ou avril de chaque année, vous apprenez si vous allez recevoir un remboursement d'impôts. Si vous recevez un remboursement d'impôt annuel important de la part de l'Oncle Sam, c'est peut-être parce que vous le payez trop. Vous avez sans doute déjà eu ce sentiment après avoir vérifié votre fiche de paie, mais je fais référence au fait de payer trop d'impôts.

En augmentant vos déductions autorisées, vous recevrez plus d'argent à chaque paie, et non l'Oncle

Sam. Vérifiez avec votre comptable que vous réclamez le nombre approprié de déductions. Si ce n'est pas le cas, contactez immédiatement votre service des avantages sociaux pour corriger votre formulaire W2.

8. Complétez votre fonds d'urgence:

D'accord, cette astuce n'augmentera pas votre trésorerie instantanément, mais elle vous permettra d'économiser de nombreux dollars en intérêts au fil du temps. La clé pour être maître de ses finances est de tout prévoir, mais nous savons tous que des dépenses imprévues peuvent faire dérailler même les budgets les plus méticuleusement préparés.

Si vous êtes impliqué dans un accident de voiture ou si vous devez réparer une vieille chaudière, vous pouvez encourir des frais qui ne sont pas entièrement couverts par l'assurance. Si vous n'avez pas de fonds d'urgence, ces dépenses seront probablement facturées sur votre carte de crédit, ce qui peut entraîner des frais d'intérêt substantiels.

Commencez immédiatement à épargner de l'argent pour un fonds d'urgence et n'utilisez ce fonds que pour les situations réelles.

9. Arrêtez les achats à crédit:

Le meilleur est gardé pour la fin. Il s'agit d'une autre mesure qui n'améliorera pas immédiatement votre trésorerie, mais éliminer l'habitude de tout acheter avec une carte de crédit est essentiel pour atteindre l'indépendance financière. En tant que culture, nous sommes inondés de dettes. Nous adorons acheter à crédit, et la phrase "Faible mise de fonds, paiements mensuels faciles" est comme un narcotique addictif.

Bien que l'envie d'acheter à crédit soit séduisante, c'est un suicide financier de tout acheter à crédit. Vous devez prendre l'habitude de rembourser vos cartes de crédit tous les mois. Si vous utilisez une carte pour un achat important, comme des vacances ou un nouvel ordinateur, décidez de la rembourser en trois mois maximum.

Si vous ne pouvez pas le faire, vous devez commencer à mettre de côté des fonds pour les grosses dépenses prévues. Pour cela, il faut planifier toute dépense importante.

Supposons que vous ayez toujours du mal à payer les nouvelles charges en totalité chaque mois. Dans ce cas, la meilleure recommandation que je puisse vous faire est de commencer à utiliser une carte de débit qui retire automatiquement l'argent de votre compte chèque ou d'épargne.

Ainsi, vous ne pouvez pas ramener l'objet à la maison si vous n'avez pas l'argent. Apprendre à différer la gratification sera difficile au début, mais cela mène à des récompenses à long terme, comme l'indépendance financière. C'est à vous seul de décider si vous allez prendre le contrôle de vos finances ou les laisser vous dominer.

Il existe donc neuf techniques pour augmenter vos rentrées d'argent mensuelles. Il existe de nombreuses autres façons d'augmenter vos revenus, mais celles-ci vous aideront à démarrer.

# CHAPITRE 8: ÉVITER LES ERREURS COURANTES DE GESTION DE TRÉSORERIE.

Travailler avec des petites entreprises au cours des deux dernières décennies m'a permis de vivre des expériences fascinantes. Les erreurs de gestion des flux de trésorerie commises par les propriétaires d'entreprise sont l'un des faits les plus courants.

On pourrait croire que seuls les propriétaires inexpérimentés ont des expériences de mort imminente avec leur entreprise. Pourtant, j'ai eu affaire à des chefs d'entreprise très intelligents et expérimentés qui ont commis les mêmes erreurs.

La plupart des erreurs que nous commettons en matière de flux financiers dans notre vie personnelle et professionnelle ont davantage à voir avec la façon dont nous ressentons l'argent qu'avec la façon dont nous y pensons.

Ne reculez pas, continuez à lire ! Vous commencerez à sourire et à hocher la tête car je suis certain que vous avez déjà commis au moins une de ces erreurs, même si vous pensez être logique et à l'aise avec l'argent.

1. Dépenses impulsives.

Il existe une grande variété de dépenses impulsives. L'événement de réseautage auquel vous participez, la table de salon que vous avez dénichée à la dernière minute ou le PC de bureau que vous venez d'acheter. Ces trois biens semblent être des achats nécessaires dans le cours normal des affaires, n'est-ce pas ?

En général, oui, mais examinons l'achat de l'ordinateur. Vous vous demandez comment un ordinateur peut être un achat impulsif alors que vous en avez besoin pour faire fonctionner votre entreprise

; le précédent vient de tomber en panne. Un budget et une stratégie de remplacement devraient être mis en place pour tous les équipements essentiels à la mission de votre entreprise. En effet, cette phrase est la raison pour laquelle il s'agit d'un achat impulsif.

2. Payer vos factures en fonction de votre solde bancaire

C'est mon erreur préférée. C'est certainement la plus répandue parmi les entreprises ayant des problèmes de trésorerie. De même, elle est directement liée aux dépenses impulsives. En général, c'est la roue qui fait le plus de bruit qui est inspectée.

Vous avez quelqu'un dans votre bureau ou au téléphone qui réclame un paiement, alors plutôt que de risquer une confrontation en déclarant, par exemple, "Non, je ne peux pas faire de chèque maintenant, mais je peux vous en faire un jeudi", vous vous connectez à votre banque en ligne pour vérifier que vous avez suffisamment de fonds et vous faites le chèque.

Vous venez de démontrer à l'autre partie que vous êtes personnellement prêt à faire passer ses demandes avant les vôtres. C'est pire que de ne pas payer le fournisseur à la date prévue. Considérez à quel point cela peut être préjudiciable à votre relation dans le grand schéma des choses.

3. Accorder des crédits à des clients non solvables.

Lorsque vous décidez d'accorder un crédit à vos consommateurs, vous leur prêtez de l'argent. Demandez à vos clients de soumettre une demande de crédit et d'y joindre des références commerciales et bancaires. Appelez ces références pour connaître le montant du crédit qu'ils ont obtenu auprès de fournisseurs.

Il est essentiel de connaître le montant du crédit qu'ils souhaitent acquérir auprès de vous et de savoir s'ils ont déjà reçu des montants similaires en bonne et due forme. Si vous vendez un article coûteux, vous ne devez pas hésiter à demander des états financiers.

4. Laisser vieillir vos comptes clients est la quatrième erreur.

Vous avez crédité vos clients et devez maintenant recouvrer les factures impayées. Vous avez de nombreuses excuses pour ne pas recouvrer l'argent dû. Vous êtes occupé, vous ne voulez pas être une source d'ennuis et vous ne voulez pas compromettre la prochaine grosse affaire de votre client. Toutes ces raisons ou excuses sont d'excellents moyens de mal gérer vos finances.

Assurez-vous que vous disposez d'un système fiable pour vous aider à collecter les paiements de vos consommateurs et les aider à rester à jour avec vous. Il est tout aussi important de maintenir des recouvrements courants que d'expédier les choses à temps. En permettant à vos clients de vous payer en retard, vous leur montrez qu'un paiement rapide n'est pas important.

5. Payer vos fournisseurs prématurément.

Vous avez l'intention d'entretenir des relations étroites avec vos fournisseurs, mais vous ne devriez les payer plus tôt que si vous bénéficiez d'une remise. Vous devez considérer les avantages et les inconvénients pour déterminer si l'escompte vaut la peine de se séparer de l'argent plus tôt que nécessaire. Le maintien d'un solde de trésorerie constant et le paiement de vos factures dans les délais impartis auront des effets bénéfiques à long terme pour votre entreprise, surtout si elle se développe.

6. Surstockage des stocks et des fournitures.

Lorsque la marchandise reste en rayon et que l'argent n'est plus disponible pour d'autres efforts, les remises progressives sur les commandes en gros perdent leur valeur. En d'autres termes, vous pensez que vous diminuez votre coût unitaire et que vous augmentez votre bénéfice brut. Cependant, vous ne pouvez pas agir aussi rapidement sur d'autres opportunités puisque vous avez engagé des fonds.

Vous devez déterminer si les petites économies réalisées en achetant en gros valent le temps que le stock reste sur l'étagère. Un stock ne produit pas d'intérêts ; il se déprécie généralement avec le temps.

7. Ne pas contrôler les dépenses salariales.

Il est extrêmement simple de laisser les jours s'allonger et la masse salariale augmenter progressivement. Une planification insuffisante et un manque de direction contribuent à l'augmentation des coûts salariaux. Combien de temps faut-il à votre équipe pour se regrouper chaque fois qu'un nouvel incendie se déclare ?

Un contact avec un client au sujet d'une commande tardive, au cours duquel tout le monde se met au travail pour satisfaire le client, est nettement plus coûteux que la préparation et le respect d'un calendrier de travail. Le fait de disposer de critères et d'une "règle empirique" pour déterminer la durée d'une tâche peut contribuer à maintenir des coûts salariaux constants.

# CONCLUSION.

À un moment ou à un autre de votre vie, vous serez inévitablement confronté au dilemme de savoir comment augmenter vos liquidités. Certaines mesures doivent être prises pour maximiser l'efficacité de vos efforts si vous avez un besoin immédiat de liquidités.

La première règle est d'éviter de prendre des décisions en désespoir de cause. Lorsque vous prenez des décisions irréfléchies, vous pouvez finir par sacrifier vos objectifs à long terme pour des récompenses à court terme, pour ensuite vous retrouver dans le même scénario que celui que vous vouliez éviter.

Maintenant que vous avez compris que vous devez générer de l'argent rapidement, vous avez deux possibilités. La première option est d'accepter un poste stable mais mal payé, tandis que la seconde option est d'acheter un système Internet qui promet la richesse en quelques jours ou quelques heures.

Le choix que vous ferez déterminera si vous serez une pierre roulante pour le reste de votre vie, à la recherche constante d'affaires, ou si vous parviendrez à l'indépendance financière. Le chemin de la réussite exige de la patience et la capacité de prendre des décisions difficiles et de les assumer.

Avant de prendre le train en marche dans l'espoir de devenir riche, vous devez évaluer vos chances. 95 % des personnes qui choisissent cette voie ne font jamais de bénéfices.

En plus d'acheter le produit d'information le plus récent pour gagner de l'argent, vous devez avoir un plan bien pensé si vous souhaitez rejoindre les 5 % les plus riches. Si vous avez déjà acheté des articles de trésorerie par le passé, vous savez que le temps de gestation est souvent long et que le vendeur est la seule personne à en tirer profit.

À ce stade de votre vie, le travail de 9 à 5 est préférable à l'essai en ligne. Vous devez simplement vous mettre au travail et effectuer les tâches nécessaires rapidement. Cela vous donnera le répit nécessaire pour planifier l'avenir. Il est rare qu'une carrière assure l'indépendance financière, mais une personne criblée de dettes ne peut pas réfléchir. Tant que vous êtes employé, vous devez épargner pour maintenir vos objectifs d'indépendance financière.

Vous pouvez entrer dans la mare en ligne lorsque le loup n'est plus à la porte. Commencez par étudier les stratégies permettant d'améliorer le flux de trésorerie sans engager de frais supplémentaires. Ainsi, vous gagnerez une expérience utile lorsque vous travaillerez en ligne à plein temps.

En fonction de vos compétences, de vos expériences et de vos préférences, de nombreuses opportunités sont accessibles. Au début, trouvez quelque chose d'agréable à faire. Une fois que votre trésorerie s'améliore, vous pouvez commencer à acheter des choses sur Internet.

Compétences de gestion pour les gestionnaires.

1. Gestion du temps pour les managers
2. Coaching des employés pour les managers
3. Développement de l'esprit d'équipe pour les managers
4. Confiance en soi pour les managers
5. Techniques de négociation pour les managers
6. Compétences en matière de service à la clientèle pour les managers
7. L'affirmation de soi pour les managers
8. Étiquette commerciale pour les managers
9. Techniques d'écoute pour les managers
10. Compétences en matière de leadership pour les managers
11. Compétences en communication pour les managers
12. Techniques de présentation pour les managers
13. Gestion du stress pour les managers
14. Prise de décision pour les managers
15. Gestion des conflits pour les managers.

Série : La liberté financière à tout âge.

- Atteindre la liberté financière à 20 ans
- Atteindre la liberté financière dans la trentaine
- Atteindre la liberté financière dans la quarantaine
- Atteindre la liberté financière dans la cinquantaine
- Atteindre la liberté financière à 60 ans
- Atteindre la liberté financière à 70 ans et plus.
- Atteindre la liberté financière chez les enfants

- Atteindre la liberté financière chez les adolescents
- Atteindre la liberté financière chez les étudiants universitaires.
- Les escroqueries financières dont il faut se méfier à la retraite.

Série : Des finances personnelles pour vous.
- Acheter et vendre des crypto-monnaies pour les débutants
- Pourquoi investir dans des actions à dividendes est judicieux.

Série : Patrimoine 2022.

- L'entrepreneuriat en ligne.
- Créer sa propre entreprise
- Gestion de patrimoine
- Revenu passif.
- 12 étapes pour créer votre propre entreprise.

Série : Un excellent service à la clientèle.

- Excellent service à la clientèle dans le commerce de détail
- Excellent service à la clientèle dans la restauration rapide

- Excellent service à la clientèle dans la restauration à service complet
- Excellent service à la clientèle dans l'enseignement.
- Excellent service à la clientèle dans l'immobilier
- Excellent service à la clientèle dans un centre d'appels
- Excellent service à la clientèle en tant que réceptionniste
- Excellent service à la clientèle dans un hôtel
- Excellent service à la clientèle dans la vente
- Excellent service à la clientèle, peu importe la situation.
- Excellent service à la clientèle dans un cabinet dentaire
- Excellent service à la clientèle dans un cabinet médical.

Série : L'argent rapide.

- Argent rapide en une semaine
- Argent rapide en un week-end
- Argent rapide en un mois
- Argent rapide pour les étudiants.

Série : Comment faire de la promotion.

- Comment promouvoir votre livre de recettes
- Comment promouvoir votre livre pour enfants.

Autres livres de D.K. Hawkins.

- ➤ Comment faire prospérer votre entreprise pendant une récession
- ➤ Créer une valeur ajoutée pour les clients
- ➤ Reconnaître les possibilités d'augmenter les flux de trésorerie.

**Biographie de l'auteur**

D.K. Hawkins. D.K. aime lire des livres sur les affaires personnelles ainsi que passer du temps à l'extérieur. D'autres livres viendront s'ajouter à cette collection, alors suivez-nous sur Amazon pour en savoir plus.

Merci d'avoir acheté ce livre.

Je vous en remercie sincèrement et je vous apprécie, vous, mon excellent client.

Que Dieu vous bénisse.

D.K. Hawkins.

www.ingramcontent.com/pod-product-compliance
Lightning Source LLC
Chambersburg PA
CBHW070232220526
45465CB00004B/1398